ルンバをつくった男
コリン・アングル『共創力』

「共创力」

家用机器人领军品牌iRobot的
成功之道

[日] 大谷和利 ◎著

胡 静 ◎译

机械工业出版社
China Machine Press

图书在版编目（CIP）数据

共创力：家用机器人领军品牌 iRobot 的成功之道 /（日）大谷和利著；胡静译 . -- 北京：机械工业出版社，2021.8
ISBN 978-7-111-68787-0

Ⅰ. ①共… Ⅱ. ①大… ②胡… Ⅲ. ①日用电气器具 - 工业企业管理 - 经验 - 美国 Ⅳ. ① F471.266

中国版本图书馆 CIP 数据核字（2021）第 146129 号

本书版权登记号：图字　01-2021-3035

"ROOMBA" O TSUKUTTA OTOKO COLIN ANGLE, "KYOSORYOKU"
by Kazutoshi OTANI
© 2020 Kazutoshi OTANI
All rights reserved.
Original Japanese edition published by SHOGAKUKAN.
Chinese (in simplified characters) translation rights in the People's Republic of China (excluding Hong Kong, Macao and Taiwan) arranged with SHOGAKUKAN through Shanghai Viz Communication Inc.

本书中文简体字版由株式会社小学馆通过上海碧日咨询事业有限公司授权机械工业出版社在中华人民共和国境内（不包括香港、澳门特别行政区及台湾地区）独家出版发行。未经出版者书面许可，不得以任何方式抄袭、复制或节录本书中的任何部分。

共创力：家用机器人领军品牌 iRobot 的成功之道

出版发行：机械工业出版社（北京市西城区百万庄大街 22 号　邮政编码：100037）
责任编辑：刘　静
责任校对：马荣敏
印　　刷：三河市东方印刷有限公司
版　　次：2021 年 8 月第 1 版第 1 次印刷
开　　本：147mm×210mm　1/32
印　　张：5.875
书　　号：ISBN 978-7-111-68787-0
定　　价：59.00 元

客服电话：(010) 88361066　88379833　68326294　　投稿热线：(010) 88379007
华章网站：www.hzbook.com　　　　　　　　　　　　读者信箱：hzjg@hzbook.com

版权所有 • 侵权必究
封底无防伪标均为盗版　　本书法律顾问：北京大成律师事务所　韩光 / 邹晓东

THE INTRODUCTION ◀ 引言

    一个周六的早晨,一位十岁的少年像往常的周末一样一大早就醒了过来,因为他要和兄弟们一起看他们喜爱的动画片。

    早餐吃好了葡萄干面包和牛奶之后,科林就目不转睛地看起了电视。这时,他的母亲在厨房里喊道:"科林!把盛牛奶的杯子拿到厨房来。"

    正窝在温暖的壁炉前看电视的小科林,望向放在壁炉上的玻璃杯,杯子里还有 1/3 的牛奶没喝完。"通常,我都是在这里喝完牛奶,再把杯子拿到厨房去。"科林想。

    但是,科林这会儿已经对动画片中不停插播的广告感到厌倦了。他想要回自己的房间,玩慧鱼等拼搭玩具。

就在这时，一个念头从他脑海中闪过，"不如做一个能搬运杯子的机器人吧"。这似乎是让他母亲开心的最合理的方法。"如果它能像《星球大战》电影里的R2-D2或C3PO一样，就能替我把杯子拿起来并送到厨房。"但是，如何才能做出这样的机器人呢？

"等一下，如果只是搬运杯子也许还好办，但如果是由我把杯子拿起来放在机器上，那就是作弊。所以，还是先想想怎么让它拿起杯子吧。"

于是那个周末，科林一直待在房间里，专心制作可以把杯子送到厨房的机器人。

25年后，科林创建的iRobot公司开创了首个"Roomba"扫地机器人，它后来发展为公司的拳头产品。早期的扫地机器人使用了一种算法，可以在不了解周围环境的情况下，沿着螺旋状的路径移动来打扫房间，遇到障碍物就会调整行进路线。但随着不断地研发，"Roomba"越来越智能，后来可以通过创建地图来规划更高效的清扫路线，从而实现整屋的清扫。

最新一代"Roomba"机器人则更加智能，它搭载了3D相机及物体识别传感器，可以识别并避开障碍物，紧贴墙壁及狭小角落进行清扫。此外，它还可以与

iRobot旗下的拖地机器人"Braava"协作，实现先扫后拖双机联动。

事实上，上述技术的迭代多与iRobot公司的成长相伴相随。公司从创立初期就遭遇了重重阻碍，整个公司的发展过程就是不断的试错过程。即便如此，科林和他的伙伴们一直秉持"开发对人类有帮助的机器人"的信念，积极规划发展蓝图、人才策略，最终才促成了"Roomba"的诞生。

时至2020年iRobot公司已经成立30周年了，它虽然已是扫地机器人界的领军企业，但它仍然没有丢掉创业精神。为了更远大的目标，iRobot加速前进，专注于实现真正意义上的智能家居。

科林·安格尔作为iRobot的创始人虽然一直领导着这一优秀企业，并是一位有着超凡魅力的经营者，但他绝不是难以接近的人，他更多是一位思想开放，树立全公司休戚与共的目标，并为实现共同利益与员工一起进步的CEO。他善于协调各个方面的关系，对处于剧烈变化环境中的企业来说，这样的经营者是不可或缺的。

他的经历对于那些想要把事业扩大并稳定下来的年轻创业者、为组织的僵化而烦恼的企业领导以及想要培养孩子创造力的父母来说,有重大的参考意义。

母亲的一个小请求后来成就了一场伟大的冒险。本书就讲述了这样一个令人兴奋的故事。

CONTENTS ◀ 目录

引 言

第 1 章 共创力的萌芽 /1

爱好机械装置的少年与善于培养孩子的父母
——不可掐断好奇心的萌芽

1.1 三岁孩子修好了抽水马桶 /2
1.2 圣诞节的乐趣以及爱不释手的益智玩具 /4
1.3 《龙与地下城》和《大富翁》 /8
1.4 拥有丰富经历的家人 /11
1.5 批判性思维的重要性 /14
1.6 极客还是运动家 /16
1.7 极限飞盘 /19
1.8 做乐观主义者 /22

1.9 梦想在白板的另一端展开 / 23

第 2 章　共创力的拓展　/ 27

从高中到麻省理工学院
——因与伙伴相遇，自己的世界得以拓宽

2.1 喜欢和讨厌的科目都是数学 / 28
2.2 某种意义上痛苦的初中时期 / 30
2.3 热衷于摔跤运动的高中时期 / 32
2.4 科林可以在自己选择的大学里制作很酷的东西 / 36
2.5 说服大学教授改变考试形式 / 37
2.6 不拘小节，关注整体 / 38
2.7 科林想要的是带着目的完成工作的机器人 / 39
2.8 遇见罗德尼·布鲁克斯教授 / 43
2.9 活跃于 AI 实验室 / 47
2.10 顺利决定未来出路 / 49
2.11 结识海伦·格雷纳 / 50

特别专栏——采访罗德尼·布鲁克斯教授
博士眼中 iRobot 诞生的幕后故事 / 52

第 3 章　共创力的推进　/ 63

iRobot 的创建与考验
——处在理想与实际经营的夹缝中

3.1 寻找一个与机器人公司相符的名字 / 64

3.2 领先时代的公司名字"iRobot" / 65

3.3 对小说及电影《我,机器人》的想法 / 67

3.4 构筑机器人开发的基石 / 68

3.5 每一天都被工作填满 / 71

3.6 聪明才智挽救了早期机器人的发展 / 73

3.7 因排水雷机器人打开生路 / 76

3.8 "PackBot"的诞生 / 80

3.9 活跃在阿富汗 / 84

3.10 向福岛派遣机器人 / 86

第 4 章　共创力的深化 / 89

"Roomba"的诞生及商业模式的确立
——转型为面向消费者的企业

4.1 从电子游戏中获得灵感 / 90

4.2 "拓麻歌子"的启发与"My Real Baby" / 93

4.3 与大企业的"共创法则" / 99

4.4 在平衡中前进 / 102

4.5 员工的提案成就"Roomba" / 106

4.6 先驱者的反复摸索 / 110

4.7 围绕产品名的攻防 / 112

4.8 开局良好与库存成堆 / 116

4.9 百事可乐广告成为救世主 / 117

第 5 章　共创力的跃进　/ 119

进军日本的失败与成功
——接受世界上最严格市场的考验

5.1　领导与公司共同成长　/ 120

5.2　最困难的决策是什么　/ 122

5.3　从未来倒推现在需要做什么　/ 124

5.4　努力把"Roomba"做得更好　/ 125

5.5　销售"Roomba"带来的喜悦　/ 128

5.6　挑战世界上最严格的日本市场　/ 130

5.7　大成功前的大失败　/ 132

5.8　优秀的客服源于快速应对问题　/ 135

5.9　日本市场的要求　/ 138

5.10　今后对日本市场的期待　/ 140

第 6 章　共创力的未来　/ 143

iRobot 2.0 以及社会贡献
——迎接机器人与人类共同创造的世界

6.1　构筑真正智能化的机器人环境　/ 144

6.2　房子将演变成无形的机器人　/ 146

6.3　以让 iRobot 的产品成为家庭生态系统的核心
　　 为目标　/ 148

6.4　从智能家居（Smart Home）到 MESH Home　/ 151

6.5 "Roomba s9+",下一代扫地机器人的原型 / 152

6.6 App 更新——面向未来的第一步 / 156

6.7 科技会帮助人类拓展自身能力 / 159

6.8 对 STEM 教育的投资 / 161

6.9 STEM 机器人——"ROOT" / 164

6.10 对年轻创业者的寄语 / 167

后记 / 172

第 1 章

共创力的**萌芽**

爱好机械装置的少年与善于培养孩子的父母

——不可掐断好奇心的萌芽

1.1 三岁孩子修好了抽水马桶

任何人都有一段儿时最初的记忆，可能是和兄弟姐妹为某事吵了架，和父母去了哪里，或者吃到了某种美味的点心。可能大都是一些不值一提的小事，但对当事人来说却是重要的回忆。

科林从小就喜欢拆卸、修理、制作各种各样的物件，然而他第一次接触到机械构造源于三岁时偶然发生的一件小事。母亲和科林回忆，科林在三岁时竟然"修好了家里的抽水马桶"。到底三岁的孩子是怎么修好抽水马桶的呢？事情是这样的。一天，母亲发现抽水马桶的水一直流，就想叫维修公司的人来修一下。但科林却拦住了母亲，说"让我来试试吧"。

科林记得他在 *How Things Work in Busytown* 这本书上看到过抽水马桶水流装置的内容。这是一本给小朋友看的绘本，它用图解的方式展示身边一些物件的构造。当然，才三岁的科林没办法自己阅读这本书，是母亲读给他听的。

这里可能有必要简单解释一下日本和美国读绘本的差异。在日本，家长给孩子读绘本看重的是加深亲子关系这种情感方面的效果。家长大声朗读,孩子一边看图一边听,仅此而已。

与此相对,在美国,更普遍的情况是:家长在讲故事的同时会向孩子提出各种各样的问题,让他们思考书中人物的心情;或者让孩子假设自己是主人公,思考自己在不同场景中会如何应对。也就是说,在美国,读绘本是家庭教育的一环,目的是让孩子从小自然而然地养成思考和发表意见的习惯。

对于科林来说,家里的抽水马桶出故障是把学到的知识应用到实际中的绝好机会。

如果你家里真的有像科林这样的孩子,说自己能修好抽水马桶,你会怎么做呢?你难道不会担心,洗手间可能会因为被水淹而让情况变得更糟,最后造成无法挽回的后果吗?即便不能马上修好,你也会理所当然地认为叫专业维修人员过来看看是当下最好的选择。

科林的母亲,当时对于才三岁的孩子能修抽水马桶这件事也十分怀疑。但尽管如此,她没有轻视自己孩子难得的想法,决定让科林试试。

科林把 *How Things Work in Busytown* 这本书带进洗

手间，一边让母亲把关键的地方读给自己听，一边观察水箱。科林发现连接水管的接口脱落了，于是他把接口按原样连接好，就这样修好了抽水马桶。

这件事也影响了科林日后的人生哲学。那就是：遇到任何困难，首先不能片面地否定自己，而应该先试着去做。即便一两次的尝试失败了，也要坚信一定会有解决的方法，并为之继续努力。三岁的科林虽然还没有认识到这一未来的人生格言，但是，他对于机械装置的着迷以及想要达成目标的强烈意志可以说已经在这时候萌芽了。

科林从小就非常喜欢了解物件构造和制作物件

1.2 圣诞节的乐趣以及爱不释手的益智玩具

科林每年都盼望着圣诞节的到来。

读到这儿，可能有人会说，有不期待圣诞节的孩子吗？

尽管圣诞节庆祝基督诞生这一最初的意义已被逐渐淡忘，且非基督教信徒本没有庆祝这个节日的道理。但孩子们都一心期盼着那天早晨的到来，不为庆祝圣诞节最初的意义，而是期待来自圣诞老人的礼物。

然而，科林盼望圣诞节却有另外的理由。他感兴趣的不是圣诞礼物，而是圣诞树上的装饰品。装饰品中有不仅会发光还会动的东西，比如火车头样的装饰品，上面的车轮还能不停转动。科林想知道这种车轮是怎么动起来的。

喜欢把想法立即付诸实践的科林会把火车头样的装饰品从圣诞树上取下来，开始探究它的构造。见此情形，母亲以为火车头样的装饰品掉了，又把它放回圣诞树上，不然，它可能会被小科林弄坏。但是，小科林会找机会再把它拿下来，继续观察。这样的事每年都会发生。

安格尔家的圣诞节照片中，正好有一张是科林手拿那个火车头样装饰品的。在那张照片中，科林的兄弟们从他身后投来不安的眼神。他们担心科林又会被训斥。

但科林对这个装置颇感兴趣，这种好奇心是谁也阻止不了的。

科林家并不是特别富裕，是美国典型的中产阶级家庭。虽然父母在他9岁时离婚了，但母亲经常支持、鼓励他。虽然科林没有固定的零花钱，但只要是他想要做东西的玩具或材料，母亲都会买给他。

科林小时候喜欢的玩具有三种——慧鱼、麦尔卡罗和乐高。乐高在日本也是非常有名的积木玩具，名古屋还有乐高主题公园。另外两种也能在日本买到，但熟悉的人可能不多。

慧鱼是一种树脂拼搭玩具，可以让人了解工程学基础知识，但是没有配备方便安装的工具。生产商认为"虽然这种设计有些难度，但当玩家不断克服困难，积累成功经验后，便可以掌握工程学基础知识"。基于这种理念设计的玩具想必对于培养科林解决问题的能力有很大帮助。

麦尔卡罗也是一种拼搭玩具，其主要材质是金属而非树脂，能够再现各种各样的机械运动及构造。带有孔洞的板状零部件可以根据需要折弯，和慧鱼一样，麦尔卡罗也非常适合制作科林想做的东西。

乐高现在会和《星球大战》等电影合作，制作一些电影中的人物或飞船等乐高玩具，很受人们欢迎。但以前乐高是用有限的积木，尽可能再现出自己想要做的形状。我印象中的乐高也是以前那样的。我认为积木玩具不应该拘泥于一种封闭的系统，而应该是用不同种类的积木，制造出各种各样的东西。对于科林来说，拼搭慧鱼、麦尔卡罗和乐高这些玩具毫无疑问培养了他的创造性，并帮助他迸发出一些意想不到的想法。

非常喜欢《星球大战》的科林还会扮演机器人

少年时代的科林，当然也会去看电影，玩一些其他的游戏。但对他来说消磨时间最有意义的方式还是将脑海中设想的东西做成实物，他觉得没有比这个更有意思的了。

此外，识字后的科林有了另一本让他沉迷其中的读物——《世界百科全书》(The World Book Encyclopedia)，这是一本面向小朋友的百科全书。

这套百科全书于1917年首次发行，书中收编的都是可信度高且颇具吸引力的内容，目的是给全世界的孩子良好的学习及读书体验。教育机构自不必说，一些重视教育的家庭也会购买这套书。

《世界百科全书》信息量庞大，犹如一座知识宝库，即便在互联网如此发达的当下，学校和图书馆每年仍会订购几千套。以2020年版为例，全书共22卷，合计14 000页，17 000条细目，当时科林家的册数应该比这个少。出于兴趣而阅读海量图书，不断增加知识储备，这无疑对科林以后应对各种各样的局面帮助颇深。

1.3 《龙与地下城》和《大富翁》

还有一个很有名的游戏，科林和兄弟们偶尔会玩，叫作《龙与地下城》(Dungeons & Dragons)，在游戏圈或粉丝中常被简称为"D&D"。

"D&D"是最早的角色扮演游戏(Role-Playing

Game，RPG），基本的主题是玩家与潜藏在假想世界里的地下迷宫（地下城）中的怪物（龙）战斗，最后夺取宝物。后来许多有名的电脑游戏以及现在智能手机中的手游，都深受"D&D"基本理念和游戏体系的影响。

在"D&D"游戏中，首先要确定"地下城主"的裁判角色，由这个人推动剧情发展。各个参加者都要选择一个扮演的人物，并根据该人物的剧本体验一个故事，游戏就这样不断推进。

也就是说，各个参加者表演相关人物角色，也就是所谓的角色扮演，这样即便同一个游戏，玩家也可以通过选择不同剧本体验到不一样的乐趣。

这种角色扮演融合了人类、妖精、矮人等各个种类，以及战士、法师、神职人员、间谍等各个阶层，由于各自技巧或能力的不同，会出现角色适合或不适合某个任务的情况。因此需要大家取长补短，组成一个团队来战胜困难，通过故事获得成长。

这在某种程度上和新兴的一种理想的组织架构是相通的，各个身份或职位不是上下级关系，只是表现为内部分工不同。

之后，科林由工程师转变为经营者，即使作为

CEO，科林也会随着公司的发展而改变角色，同时保持灵活性以适应形势，从不同的角度看待问题。他的前瞻性和为未来的任务做准备的能力，部分是通过"D&D"培养出来的。

科林和兄弟们经常一有机会就和母亲一起玩《大富翁》（Monopoly）游戏。大家都知道，这个游戏是买卖盘面上的不动产或者建房子、旅馆，通过租金积累资产，让其他玩家破产从而获胜，就是字面意思上的垄断（独占）游戏。

科林家很注重遵守游戏规则。游戏规则中没有规定不能和其他玩家结盟，所以允许大家通过暂时的合作来压制对手。

科林就这样和家人享受着玩《大富翁》游戏的快乐，并且从中学到了两件事。

首先，他的母亲亲自示范了怎么玩《大富翁》可以赢。母亲从来不会输给孩子们，除非她故意这么做。

例如，有时为了使游戏进度更快，他们会用双倍资金来玩，母亲在第一回合就买下所有房子，这样，孩子们没有任何赢的机会，哥哥们会因此大哭，只有小科林还不知道发生了什么。但是，之后科林就理解了，这是母亲在用她的方式教给自己——"玩游戏不能耍花招，必须按照规则来"。

对于科林的母亲来说，和读绘本一样，玩棋盘游戏也是家庭教育的重要环节。与加深母子感情相比，培养孩子的思考力和判断力，让他们掌握在现实世界中的生存技巧更为重要。

第二件事是，给其他玩家提一些交易建议，让他们也能从中受益，是赢得游戏的最好策略。比如，当你想要购买某地产，但又不确定自己掷骰子能走到这一处时，你可以事先提供给其他玩家一些钱，让他们可以购买其想要的地产，但是如果他们走到了你想要的地产处，就必须买下它给你。在游戏之外单独达成这样的约定，可以大大提高最后胜出的概率。《大富翁》游戏教会了科林合作的重要性。

科林就这样按自己的兴趣度过了少年的时光，并没有想到这些经历正在成为他日后创业和制作各种东西的助推器。

1.4　拥有丰富经历的家人

科林的两位祖父也对他产生了间接的影响。他并没有关于祖父们的直接记忆，但是他是听着他们的故事长大的。

科林的一位祖父是爱好航海的发明家，曾经发明过一种划时代的船。这种船比一般的小划艇大一些，可以装在拖车里运到任何地方，更方便航海者享受出海的乐趣。

以前，即便有船，航海者想要出海也要和小船坞签约，只有这样，航海者才能把船舶提前停在那里，除了那些不在乎费用和前往船坞所花费的时间的人，需要自己负担费用是无法使航海者享受出海的乐趣的。但是，祖父发明的船可以停在自家车库，只要海港或者船坞有从拖车卸下船的设施，航海者就可以从自己喜欢的地方出海。

这位祖父并没有接受过与工程师相关的正式教育，但他的一生却不断发挥卓越的创造性，解决了各种各样的问题。为了把发明的东西推广到市场，祖父又开始研究营销，创办了"三角海洋"（Triangle Marine）公司，满腔热血地投身到船舶销售生意中去。

即便是现在，如果开车到美国郊外，还能看到有些人家的车库旁停着这样的船，或者看到装着这样的船行驶的私家车。这位祖父和科林一样，可以说是一位给人们生活带来变革的人。

科林的另一位祖父是医生，在运动方面也很优秀，是一位学术知识丰富且品德高尚的人。

他作为第二次世界大战时的随军医生远赴战地，在野战医院的帐篷中开展救治工作，那里的盟军和德军的伤员士兵被安排分开休息。在连续16个小时不眠不休的治疗盟军后，一旦有命令让他休息，祖父又不顾劳累继续救治德军，等到伤员全部诊治完才休息。

听到这位祖父带着使命从事医疗工作的事迹，科林觉得这才是一个正直的人该有的做法。如今的科林也继承了这位祖父这种对待工作的态度。

作为科林支持者的母亲也是一个对自己人生有清晰认识的人。她非常聪慧，但大学毕业时女性可选择的职业还很有限，于是她成了一名音乐教师，教授钢琴。不过，她之后又重新回到大学学习法律，最终成了一名律师，而这与她之前的专业毫不相关。

一般来说，想要走法律这条路的人，大多数要从小就开始学习法律。科林说，母亲当时年龄已经不小了，教师生涯也已经走上正轨，那时候做出改变职业这么重大的决定是需要十足的勇气的。但最终，母亲的果断和努力有了回报，她成了一名优秀的律师，之后很长时间都在从事着这份用法律保护别人的工作。

1.5 批判性思维的重要性

科林的继父是一名工程师，并且是一个很有想法的人。母亲和继父非常重视家人在一起吃晚饭的时间，吃饭前两人一定要出去散步。散步回来，两人会在晚饭时间向孩子们抛出一些问题，让他们讨论。实际上，两人在散步的时候就已经想好了当天要讨论的题目，做好了计划。

讨论的话题并不是单一的，从哲学到伦理，多种多样，有时像堕胎和环境问题这些严肃的话题也会拿到饭桌上讨论，并且两个大人不会发表自己的看法，只让孩子们自由发挥。

从小就有这种在自己家参与讨论的机会，这是难以想象的。当时年纪还小的科林大部分时间在当听众，哥哥们代科林发言的时候比较多，但偶尔科林自己也会加入讨论，自从哥哥们去上大学，没法再和大家一起吃晚饭后，科林的发言变得越来越积极。

科林偶尔会有和父母不同的想法，母亲和继父并不会马上否定，只是说"这也是一种想法"，接着就会追问他"为什么会得出这样的结论"。

这种在批判性思维基础上进行的讨论可以帮助找到问题的最优解。这里所说的"批判"不是简单地否定与自己不同的意见，而是重新思考自身主张的理论构成和内容，深入探究问题的本质，排除可能导致错误推论的因素，在此基础上进行分析。

即使无法赞同对方的观点，科林也倾向于认可彼此的立场，互相交换意见。例如堕胎，很难断言这到底是一种权利还是一种选择。或者在男女分工问题上，家庭讨论是一个很好的契机，可以让大家重新审视社会中广泛存在的成见。我们到现在才把职场中无意识的男女偏见当成一个问题，而科林早在 11 岁时就听父母讲过类似的事例，他对于把消防员称作"Fireman"（因为"Man"指男士，涉嫌歧视女性消防员）是否合理抱有疑问。

从小学高年级到中学，科林通过参与家庭讨论明白了世界并不是黑白分明的，必须从不同立场出发，经过深思熟虑后才能去评判某个事物。通过批判性思维，他也理解了一成不变的思考方式有时候有用，有时候又是危险的，在这个过程中，科林想让这个世界变得更好、更正确的愿景也已经萌芽。

有时候，晚饭时间母亲和继父不安排讨论，只聊一些文化、历史相关的话题。科林的父母也很擅长讲故事，此时就算孩子们不作声，光听着也能学到各种各样的知识。

科林的哥哥史蒂夫也是在这种环境下成长的，而哥哥长大后成了研究孔子思想的哲学家，可见家庭环境对孩子们产生了多么大的影响。

科林回顾当时的经历也认为，自己不仅有感兴趣的工程类玩具，每天还能接触到不同领域的话题，这是非常幸运的。这简直像是父母给孩子安排的教学计划。即便现在，科林和兄弟们每逢圣诞节回到老家，还会像小时候一样讨论各种问题。这种情况并不是偶然发生的，而是因为大家都很愿意讨论时事并互相交换意见。家人们一起讨论问题的习惯已经深深植根在了安格尔家。

1.6 极客还是运动家

科林从小就喜欢机械装置和制作东西，长大后又从事机器人开发的工作，通常大家听到这样的经历大概都会觉得他是极客（搞 IT 的宅男）。

现在，很多孩子不出房门，只顾玩电子游戏，通过体能测试也能看出他们的身体素质，大家可能觉得科林也是这样的孩子。然而，爱好制作东西、对"D&D"和《大富翁》感兴趣的科林，其实是一个运动全能选手，连露营这样的户外活动也会积极参加，可谓是一个多才多艺的年轻人。

人们通常喜欢用二元论去解释事物。比如，某个东西是数字化还是模拟化，是原子论还是比特论，是理科类还是文科类；一个人是极客还是运动家，是户外爱好者还是御宅族，是男性还是女性，等等。

但是，最近教育领域也不再分理科与文科，大家开始关注将文理科目融合起来的 STEM，或者叫作 STEAM、STREAM 学习法。本书的后半部分也会介绍一些 iRobot 发起的新项目。比如，STEM 是将科学（Science）、技术（Technology）、工程学（Engineering）、数学（Mathematics）几个词的首字母组合而成的概念，STEAM 是在此基础上增加艺术（Art）或者博雅教育（Liberal Arts）科目，STREAM 则进一步增加机器人学

（Robotics）相关知识与技能的课程。

特别是STEAM与STREAM教育模式，其目的是通过将理科与文科科目相结合，培养学习者的自发性、创造力、判断力以及解决问题的能力，使其在之后的人生中也能独立学习、思考、理解事物。也就是说，今后不再是理科与文科二者选其一，而是需要具备兼顾二者的综合能力。在解决问题时能够调取两方面的知识，找出最优解的能力已经成为重要的素质。数字化和模拟化也类似，并不是某一项优于另一项，必要时找到二者的平衡从而得到最好的结果才是最重要的。

科林通过拼搭慧鱼、麦尔卡罗和乐高，独立学习并掌握了工程学的基础知识，又通过与家人在晚饭时间的互动广泛学习了文科知识。这就意味着，不知不觉中，科林已经把自己放在了STEAM与STREAM的教育模式下。加之科林积极参加各种运动及户外活动，锻炼了身心，使他在紧张的日程中既能朝着目标不断前进，又有健康的体魄。

科林虽然有极客的一面，却也具备运动家的素质，如今，他对两者同样重视。对科技和运动同样热衷是科林之后领导机器人开发项目，创立iRobot公司并成为经营者的关键，在兼顾这两者的过程中，他也学习到如何创建组织。

1.7 极限飞盘

在众多运动项目中，科林认为对他成为 CEO 影响最大的是极限飞盘。"飞盘"（Frisbee）实际上是大学级别的社团或兴趣小组中一种运动竞技项目，现在也得到了普及。但是通常情况下，大多数人还是把它当作一种娱乐消遣的玩具，为了理解科林对飞盘运动的描述，这里有必要补充一些相关信息。

首先，"Frisbee"是 Wham-o 公司注册的商标，它作为一种运动器材的名称应该是"飞盘"或者"运动飞盘"。也就是说，就像"Roomba"是 iRobot 公司生产的一个扫地机器人品牌一样，"Frisbee"是 Wham-o 公司生产的飞盘品牌。

后来，就像"Roomba"已经成为扫地机器人的代名词一样，"Frisbee"也成了飞盘这种运动项目的代表性产品。有时候，人们用极限飞盘（Ultimate Frisbee）命名这项竞技运动。为了和其他厂家的飞盘产品做区分，人们会直接称"Frisbee"为"极限"。

极限飞盘就像美式橄榄球的"飞盘"版。只是，从根本上说它与美式橄榄球有所不同，极限飞盘不是对抗性运动，它在战术上要求有新意，富于独特性。

橄榄球基本是呈抛物线状运动，在空中停留时间很短，而飞盘因本身构造会产生浮力，运动轨迹独特，可能会产生巨大的曲线，在空中停留时间久且最大飞行距离长（在不使用任何辅助工具的情况下，飞盘飞行距离仅次于回旋镖中的 Kylie 镖及环形飞盘，可以达到 338 米）。

此外，飞盘的投掷方式也不只是一般的反手投法，人们可以选择从头顶投掷的上手投法、从身体一侧投掷的侧投法、从较低位置投掷的低肩投法、将飞盘上下颠倒的翻转投法，变化多样。因此，躲避对方防守、给队友传递飞盘的方法也多种多样，飞盘飞行方向和轨迹都可以出其不意，这正是它的趣味所在。

科林常常对未知且无人涉足的事物感兴趣，比起那些已经普及、战术也已经固定的球类，他被极限飞盘吸引也就很正常了。

为了感受极限飞盘的魅力，科林参考了以下两个网站：一个是极限飞盘的规则解说（https://youtu.

be/UnNUEvs2Ev0），另一个是这个项目的比赛视频（https:youtu.be/Qki2u8aKTCM）。

科林和哥哥史蒂夫会一连几个小时合作投掷飞盘，还会比谁投得远。在技术不断进步后，他们意识到身边缺少一个可以进行极限飞盘比赛的队伍。

因此，科林和史蒂夫有时会主动去认识玩极限飞盘比赛的人，并在红色活页笔记本上记下他们的名字和联系方式。一到周六，两人就会给名册上的人打电话，邀请他们参加极限飞盘比赛。

要组成比赛，最少也要有两队共14个人。所以，科林还必须说服那些犹豫的人，邀请他们上场。他说，这就好像是自己每周进行的动员大会，让人们为了某个目标而去行动。据说，那时每周科林打过的电话有三四十通。

科林注意观察年长的哥哥在打电话时怎么说服别人，有什么技巧，自己采用哥哥的方法后，慢慢也学会了如何影响他人。这在某种意义上也是学习如何建立合作关系的良好机会。

iRobot公司创立之初，科林自己也觉得这是个"疯狂的机器人公司"，所以没有公司或投资人给他们提供资金。因此，科林采取了重视协作的商业战略，建立与投资人彼此共赢的关系，在这方面，和母亲玩的《大富翁》游戏以及在极限飞盘比赛中结盟的经验发挥了很大作用。

1.8 做乐观主义者

从幼年时期到青年时期，科林明白了一个人应该拥有自己的处世哲学。在没有绝对善与恶的世界里，自己的处世哲学就是做决定的唯一基础。

实际上，我们在做决定或选择时，各种各样的人都会对这个决定产生影响。要想不受影响，做出正确的决定，就必须有自己的处世哲学。然而，能不能拥有这样的哲学在很大程度上取决于每个人的努力和用心程度。

那么，应该如何确立个人的处世哲学呢？科林相信，多多积累经验至关重要。

科林说，人不能悲观。乐观看待事物的人的确显得略天真，甚至有时大家会觉得这些人不太聪明。但是，悲观看待事物的人往往把自己定位为现实主义者，还没尝试做某件事就先放弃了。

科林认为，还没开始做某件事就想放弃的悲观主义者，在某种程度上是怯懦的人，他们更倾向于选择舒适的道路。所以，人轻易地成为悲观主义者是有问题的。

当然，成为一个完美的乐观主义者可能有难度，现实世界中很多问题会成为障碍。那么，要怎样解决这些问题呢？科林认为自己创造解决方案去解决问题就好了。

这种向前看的想法让我想到被誉为"现代图形用户界面之父"，且是一名爵士音乐家的艾伦·凯（Alan Kay），他有句名言："预测未来的最好方法，就是把它创造出来。"

实际上从古至今，世界各地的改革者，不论有意无意，大多数是凭借无限的乐观主义精神才得以创造未来的。

科林的做事态度常常是"有问题的话，去解决就好了"。无论多么严重的问题，只要把它细分，一个一个去解决，更深层次的问题就都会迎刃而解了。他对乐观的定义是相信凡事总有解决办法。

1.9 梦想在白板的另一端展开

科林在这个世界上最喜欢的东西是白板。与电视等被动媒体不同，白板可以被灵活利用。根据使用者的目的及热情程度不同，白板的用处也会有很大变化，这点科林很喜欢。

每次遇到大问题，科林就会在白板上写出问题的细分要素。就像前面讲到的，把乍一看不可能完成、让人感到悲观的事，拆分成可行的一个个小部分，这样不断累积，大的问题也就得到解决了，对于科林来说，这是解决问题的第一步。

即便如此，世界是复杂的，且并不是非黑即白。尤其是那些难题往往是各种要素交织、错综复杂的。要解决它们，就要做好全身心投入的准备。

在此前大约 30 年的时间里，科林一直致力于机器人的开发，但是科林认为现在也远没有达到预想的结果，还处在解决问题的阶段。科林坦率地承认这点，说今后也将朝着预期目标不断迈进。

20 世纪 60 年代，美国电视剧《杰森一家》（*The Jetsons*）中，有一个叫罗西的机器人女佣。杰森家把罗西当作家里的一员，罗西可以一边和其他家庭成员交流，一边做大扫除等家务。实际上，iRobot 公司推出"Roomba"这款扫地机器人的时间是 2002 年，距离电视剧人物罗西诞生已经过去约 50 年。

现在 20 年又过去了,科林说要造出罗西那样的机器人,大概还需要 50 年。如果你连续 50 年朝着一个目标倾注热血,把自己的时间全部花费在实现这个目标上,你会有什么感受?

科林觉得,虽然自己把大部分时间花在了研究机器人上,但目标一旦达成,他会非常开心。他的建议是不要把有趣的事情留给别人去做,因为一旦你让别人去做,你就会对他们产生怀疑,然后你就会变成一个悲观主义者。

安装在科林办公室的大型电子白板

承担困难的任务能让你乐观地工作。这似乎有点矛盾,但创造未来恰恰是这么回事。

第 2 章

共创力的**拓展**

从高中到麻省理工学院
——因与伙伴相遇，自己的世界得以拓宽

2.1 喜欢和讨厌的科目都是数学

科林喜欢制作东西又是运动全能,那他其他的科目怎么样呢?

科林从小就对身边各种各样的东西很感兴趣,他分析这些东西的构造,从中学习知识,再运用到自己的课题中去,从小就有当工程师的志向,当然他最喜欢的科目是数学。但是,他最讨厌的科目也是数学。

这里要说明一下,科林认为人的才能有不同的种类。身体方面的才能是一种,记忆力也是一种才能。没有人具备所有的能力。

对科林来说,他比较擅长系统性地看待事物、理解事物,相反,他记忆、背诵的能力则较弱。因此,科林数学成绩也不太好。

美国没有九九乘法口诀,有些孩子在个位数相乘的运算中也会出错。科林也是其中之一,小时候他会把"7×6"的结果计算成12。在需要背诵得出结果的题目上,科林答得不是很好。

小学阶段,除了数学还有很多科目需要背诵。尤其在需要记忆基础知识的小学四年级,科林对这些课程十分厌烦。

然而,五年级时迎来了转机。科林开始补习数学,补习老师在和科林熟悉后,对他说"安格尔,你不笨,你只是觉得很无聊"。

日本可能也会有这种认真观察学生后给出建议的老师。只是,作为补习老师,能给出这种中肯的评语很不容易。这位老师不但把科林编入了数学优等生班,还允许他用计算器做题。老师用实际行动告诉科林,数学课中最重要的是思考方式,运算可以交给机器去做。

自从乘法运算交给计算器后,科林学数学更加起劲,不久又开始学习几何学和微积分,而且科林对这些科目越来越得心应手。之后,他只要看一下几何学或微积分的问题就知道怎么解答了。

我听过类似的事例,不喜欢写作文的学生在使用文字处理器后也能写出很好的文章。这些学生对自己写的字不自信,不喜欢让别人看到,所以才讨厌写作文。

这样,那些在一般认知下落后的学生经过老师的细心观察和科技的力量,其原本的能力也得到发挥,所以我们必须更加灵活地看待教育的方式和方法。科林的未来也因为遇到这样的老师而向前迈进了一步。

2.2 某种意义上痛苦的初中时期

科林从小就喜欢机器人,觉得它对人有帮助,他对学习和运动也都很在行,但到了初中,烦恼就来了。科林说"这个年龄的孩子大都嫉妒心比较强",他形容那时候的自己是"碰巧成绩又好又爱运动的孩子"。

问题是,一方面,科林在那帮爱运动的孩子眼中很迟钝,像书呆子一样,所以他们不爱和科林做朋友。

另一方面,在爱学习的孩子眼中,科林就是个头脑简单、四肢发达的人,他们也不愿意接近科林。

没有朋友的科林努力尝试消除隔阂,进入这些圈子。但是,大家还是觉得和科林没有什么共同语言。

这样一来,科林和哥哥以及哥哥的好朋友的相处时间越来越多。那时候他们常常玩知名游戏厂家阿瓦隆·希尔(Avalon Hill)公司出品的战略模拟游戏。

科林他们喜欢的游戏有,以中世纪英国统一为目标的游戏《拥立国王者》(Kingmaker),以第二次世界大战欧洲战线为主题的《第三帝国》(Rise and Decline of the Third Reich),以及讲述第一次世界大战前紧张关系中争夺欧洲霸权的游戏《外交风云》(Diplomacy)。

此外，他们也会玩同为战略模拟游戏生产商帕克兄弟（Parker Brothers）公司售卖的一款叫《危险》（Risk）的游戏，它是在拿破仑时代背景下，以占领全世界领土为最终目标的一款游戏。

这种游戏中对手有很多，很多时候需要通过掷骰子来推进游戏，《外交风云》除了开始时用抽签的方式决定东道主国家外，没有其他靠运气的场景，全都要通过外交谈判来推进游戏进度。

也就是说，科林所具备的合作精神在游戏的输赢上很有用。说服玩家加入自己这一伙，让他们接受类似的请求，这样的谈判是很重要的。

《外交风云》需要七个人一起玩，只有科林的哥哥和其他朋友人数不够。所以，这些朋友把自己的弟弟们也动员来，科林他们擅长战略战术，很快就打赢了这些人。

但是，总体来说，科林在初中没有同年级的朋友，还会被欺负，这个时期对他来说是很痛苦的。科林觉得初中唯一满意的一点就是自己对化学课比较感兴趣。

即便如此，科林还是诚实地面对自我，思考各种各样的项目，制作各种东西，课程结束后就去亲近自然，天气合适时就去露营，到了夏天就去提高自己的划船技术。度过了暂时的平静之后，科林再去面对学校的"战斗"，最后他在学业上也取得了不错的成绩。

初中时期的科林同时面对着痛苦的学校生活以及积极正面的个人生活，带着要摆脱这种痛苦经历的心情，他升入了高中。

2.3　热衷于摔跤运动的高中时期

科林的高中从规模上来说很小，他在这里与摔跤运动结缘，又因为这项运动，他的高中生活变得很充实。

一般来说，在规模小的学校组建运动队，刚开始参加的人会很少，与其他学校比赛也没有优势。但是，科林的学校不同，这种不同多亏了摔跤教练乔·贝纳先生。

科林说，在美国真正重视摔跤运动的州有三个，纽约州、宾夕法尼亚州以及艾奥瓦州，即便在这三个州中排名最靠后，但和其他州最强的队相比也有绝对优势。

科林的学校就在三个州之一的纽约州北部，并且其校队是曾多次在全美锦标赛中获胜的实力队伍。通常来讲，这么小的学校能取得这样的成绩几乎不可能。能有如此佳绩正是乔·贝纳教练的功劳。

科林在高中选择摔跤运动，很大程度是受到父母的影响。父母希望科林能在高中掌握些新的技能，并建议他学习一个新的运动项目。

对于拥有运动员素质的科林来说，这个期望很容易实现。所以，科林春季选了足球，问题是冬天选什么运动。虽然他喜欢冰球这样的项目，但早晨六点就要起床练习，没法好好睡觉，所以冰球被科林排除了。同样，他也很喜欢滑雪，但要留出很多时间去练习，从日程安排的角度考虑也不得不放弃。

虽然科林在摔跤运动方面完全没有经验，但他觉得这项运动门槛不高，所以决定去试试。实际尝试后，科林发现这项运动确实比较适合自己。当然，摔跤是项艰苦的运动，体力上的负担很重。但是，在全员都是新人的一年级队伍中，科林很快就掌握了摔跤运动的要领，开始在比赛中获胜。

其中最痛快的就是科林打败了初中欺负自己的同学。那个孩子最后离开了摔跤队，再没出现过。他是科林过去三年半的时间里烦恼的根源，解决了这个烦恼让科林开始喜欢上了摔跤运动。

接着发生的事与科林当时的体重有关。他作为摔跤选手身材较小，体重不到 51 公斤，但是校摔跤队正好需要这个级别的选手。由于团队规模小，他们在体重级别的安排上很下功夫。

这样，科林在参加摔跤运动后仅仅六周时间，就从一年级队伍中选拔到了校队。他们选拔科林可能没想到他会留到最后。但是，科林进入校队后遇到了贝纳先生。于是，精彩的人生开始了。

尽管其他的团队成员觉得科林会在竞争中淘汰下来，但他们还是非常配合地准备最开始的正式比赛。作为激励，教练找来两名前辈运动员，一位是约翰·普雷斯科，另一位是杰夫·布莱尼克，后来两人还参加了奥运会，特别是杰夫，在古典式摔跤项目中为美国赢得了首枚金牌。

两人给科林的建议是稳住自身，找机会击倒对手。虽然这样做不会出错，但他们没有告诉科林，他的对手来自当年纽约州冠军赛的种子队伍。

比赛开始后，科林分别在第一回合 6 秒，第二回合 20 秒，第三回合 1 分 4 秒时，以两肩着地落败。就这样，科林在一年级的全部比赛中均以两肩着地落败，到了二年级，虽然还是一场也没赢，却没出现以两肩着地输掉比赛的情况。科林以及每场比赛都来观战的父母都觉得这是非常有意义的改变。

科林加入校队第一年的比赛就这样结束了，第二年，他没有放弃自己的使命，他可以打完完整 6 分钟的比赛了。

在这样的坚持下，终于有值得开心的事了。曾经打赢科林的对手高中毕业了。科林自己也在进步，不久就当上了摔跤队队长。虽然最后没能赢，但科林参加了纽约州的摔跤锦标赛。科林在高中时期在摔跤运动中收获了 53 胜 52 败的战绩。

这个过程使科林渐渐有了自信。科林的高中生活也十分充实，在学业方面，他当上了美国国家高中荣誉生会会长，这个协会在全美高中生中有 100 多万名会员，主要从事学习帮扶及为地区做贡献的相关事务。

科林在年轻时通过摔跤获得自信，其社会价值又因为聪明才智得到了提升，这给他带来一个启示。

大部分人认为在进入大学之前，聪明才智是一种危险的东西，会让自己被同龄人所排挤，但是科林在进入高中后，他开始觉得"聪明不是一件坏事"。特别是在高三时，科林克服了各种各样的困难，开始认同自己的价值。实际上，一般的方法没法达到这样的效果，而科林找到了自身的闪光点。

2.4 科林可以在自己选择的大学里制作很酷的东西

对自身的潜力非常有信心的科林迎来了高中毕业选择大学的时刻。他的目标是可以在那里创建最好最酷的东西，选择大学也以此为标准。

科林的备选学校中有普林斯顿大学、达特茅斯学院、伦斯勒理工学院等，但是当他去到麻省理工学院（以下简称 MIT）时，他觉得这才应该是自己的归属。

这个大学的摔跤教练邀请科林来学校参观，科林实际参观后发现这里的学生更注重掌握技术的工作原理。科林觉得这种氛围才是令人振奋的，而不是令人压抑的，最终他决定选择 MIT。

之前我们提到科林经过迂回曲折，最后把数学变成了优势科目，但有些弱项还是没有解决。有时候老师给学生某个方程式，让学生演算，科林只要理解了方程式的意思就会马上给出答案。但中学的数学老师不允许这样做，他们要求学生规规矩矩地通过演算推导出来答案。

幸运的是，在 MIT 的考试中，老师提问大的概念多过一些细微的方程式，只要推导出答案就可以，科林可以按照自己的方式来做。

2.5　说服大学教授改变考试形式

如果有考试不仅需要答案，还需要更加详细的过程说明，那么科林就会发挥他另一个宝贵的才能——那就是说服力，去解决。令人惊讶的是，科林竟然说服教授改变考试形式为开卷考试。科林在 MIT 参加的大部分考试都是开卷考试，这让他的同班同学也非常惊喜。

每次遇到考试，科林肯定会想出让教授们认可的理由来，比如"记公式和解答那些题目有什么关系呢？"等。

即便自己不会乘法运算，有谁会在意呢？科林能在教科书中找到合适的等式，用它推导出答案。

科林一直这样做，对他来说，大学无非是一个获取宝贵经验的场所。科林在进行班级事务谈判的同时改变了周围环境，而他自己也能在这个环境中发挥才能。科林做了很多这样的事情，而他也很享受分析和搞清楚MIT这一体系是如何运作的。

2.6 不拘小节，关注整体

然而，科林直到现在还会出现英语拼写错误，他说自己很不擅长记忆细小的东西。但他也没觉得这是个缺点。科林不会局限于细节，而是习惯于从整体观察一个系统或项目来给出判断。

这种忘掉细节、集中于事物核心的做法是有一定道理的。多伦多大学最近一项研究表明，爱忘事其实是一种智慧的信号。这项研究给人们的启发是，人类的大脑通过忘记不那么重要的细节，为记住重要的事腾出空间，从而使决策更加合理化。

即便大脑忘掉了过去一些事情的具体细节，也会记住大体情况。这样，如果能从过去的经历中提炼、总结出一种普遍化的规律，那么该事件就可以被记住。从事该研究的一位研究人员表示，"大脑最重要的是忘掉无关紧要的细节，专注于现实世界中对决策有帮助的事情"，这正是科林在学生时期下意识中实践的东西。

比如，机器人开发在某种程度上意味着制作出一种终极系统。在这个系统中编入的物体识别功能需要高难度的数学算法。这种细节方面的开发科林无法独自完成，但他很擅长组建一个能实现这种细节功能的团队。

科林说："无论是开发机器人还是创建一个公司，如何把所有要素以最佳的方式组合在一起呢？我非常喜欢思考这样的问题。"

关于机器人的形状也是一样，科林对于机器人是否要做成人形没有什么兴趣。当然，有些人觉得那种人造的人形智能机器才能叫作机器人，科林理解这种想法，但对他来说，机器人只是"实现某种功能的东西"，与是不是人形没有关系。所以，他认为那些人形机器人生活的机器人王国是魔法或小说的产物，在现实世界中并没有制造这种东西的方法。

2.7 科林想要的是带着目的完成工作的机器人

对科林来说，机器人与形状无关，只要某种机器能自动地完成对人有帮助的事情，那么它就可以叫作机器人。接下来提到的与《星球大战》相关的小插曲中，体现着科林这种想法。科林刚开始看《星球大战》时觉得"这是一个有机器人出场的精彩故事"。

一般来说,《星球大战》中出现的机器人中比较有人气的是 R2-D2 或者 C-3PO,有些地方可能是 BB-8。一方面,年轻的科林也觉得 R2-D2 或者 C-3PO 是非常出色且带有神秘感的机器人;另一方面,他也非常好奇怎么才能把他们真正做出来。在了解了这些机器人的自然语言处理能力以及身体姿势和手势之后,科林觉得这些机器就是魔法世界中的东西。

让他更感兴趣的是一款名为 MSE-6 的箱形机器人。它准确的名称是 MSE-6 系列维修机器人,这款机器人通过车轮行走,电影中它在银河帝国建造的太空要塞死星以及帝国军主力太空战舰歼星舰上,负责各种东西的运送、养护,地板打蜡,点焊等工作。由于总是十分忙碌地来回穿梭,它还有了一个别称叫作老鼠机器人。大家偶尔在战舰上遇到它,都会给它让路。那时的科林对车轮相关的知识已经了解得很充分了,他觉得 MSE-6 就是现实生活中机器人的样子,而且它在死星上专注于完成固定的工作,这一点科林很赞赏。

电影中的死星是新建造的,所以科林想,这些帝国冲锋队的士兵对死星的内部构造还不熟悉,他们可能找不到想要去的地方。因为科林自己也很容易迷路,要去某个地点很费力。看到 MSE-6 机器人可以为冲锋队做向导,他觉得这简直太棒了。

同时,科林觉得自己好像也能做出这样的机器人。一款拥有发动机和操控装置,具备良好方向感,可以把大家带到家得宝(The Home Depot,美国大型家装零售商)的机器人浮现在了科林脑海中。

这种机器人不会没有目标地来回走动,它可以找到科林在项目开发中需要的零件,或者成为他去某个地方的向导。正因为有这样的想法,所以 MSE-6 成了《星球大战》电影中最能引起他共鸣的机器人,科林拿着 MSE-6 的 3D 打印模型非常开心地和我讲了这个小插曲。

科林的办公桌上也摆放着 R2-D2 的小模型。其实,科林妻子送给他的这个办公桌本身也有小机关,桌子台面上镶着玻璃,下边装有缓缓转动的齿轮机关。这个机关没什么实际作用,更多是带来观赏的趣味性,这种带有蒸汽朋克感的办公桌倒是很符合科林作为一名机器人制造者的形象。

科林的办公桌装有似乎带着某种意义的齿轮

关于 R2-D2 机器人模型，科林还讲了个小故事。《星球大战 3：绝地归来》中有个场景是 R2-D2 机器人可以为客人提供饮品。客人在聚会中来回走动时，机器人可以给他们倒喜欢的饮料。R2-D2 机器人可以完成倒饮料这么明确的任务，科林很喜欢这一点。科林第一次见到这样的机器人，这对他产生了很大的影响，科林觉得自己似乎也能做出这样的产品。

iRobot 公司 2013 年面向企业客户开发的产品中，有一款是用于电视会议的视频协作机器人"Ava 500"，科林觉得，如果替换掉机器人上方的显示器组件，也许能将它改造成 R2-D2 那种可以倒饮料的管家机器人。

之前，公司针对谷歌开发者的会议用产品"谷歌 I/O"开发的"Ava"系列机器人可以用托盘为与会者发放巧克力，但还不能达到倒饮料的程度。但是，科林当时是想开发机器人饮品服务功能的。

前面提到过，科林是奉行乐观主义的人，他的人生信条中不需要魔法。他认为，如果做出来的东西不能解决实际问题，不能让世界变得更好，那就没有意义。科林觉得乐观主义就是现实主义，并不是幻想。

2.8 遇见罗德尼·布鲁克斯教授

科林在 MIT 上学期间遇到了两位之后和他一起创办 iRobot 公司的人，其中一位便是机器人技术的泰斗罗德尼·布鲁克斯教授。这件事发生在科林进入大四前的夏天，科林称之为"最偶然且重要的事件"。当时要去上课的科林刚好碰到了上课回来的"兄弟会"的朋友，并和他聊了起来。"兄弟会"的朋友问科林"今后你打算做什么"，意思就是"大学生活总有一天会结束"。科林回答说："嗯，之前我总是沉浸在户外活动中，是时候去找份工作了。"

这位朋友随即说："我正准备到罗德尼·布鲁克斯

教授的机器人实验室应聘研究员。"科林立刻问他："我可以一起去吗？"朋友同意后科林很感激，到了之后他们发现，这个职位只要三个人，应聘的学生却有80多人。

紧接着就是面试，这让匆匆忙忙跟来的科林不知所措。负责招聘的人给应聘者发放了考试用纸，让大家写出迄今为止制作过的所有东西，用这个考试代替了面试。

十分钟后，一半应聘者就写完了。20分钟后，大部分人都已经写完，提交了答案。但是，过了60分钟，科林还没有写完。回顾自己制作过的这么多东西，科林觉得无论是对自己，还是对这次面试的机器人实验室，小时候做的那个可以递送杯子的机器人可谓意义重大。

考场只剩下科林一个人还在写，招聘负责人见此情形走到科林身边问他，"还在写吗，你叫什么名字"，科林就这样被机器人实验室录用了。

实际进入罗德尼教授的实验室开始制作机器人后，科林觉得这体验简直太棒了。科林刚开始从事一款叫作"Seymour"的六脚机器人的开发工作。"Seymour"有六条腿、两个触角、多个传感器，开发它的目的是解决社会中各种各样的问题。

但问题是，"Seymour"没有安装相当于胳膊和手的相关部件，那它怎么开门呢？科林忘了当时是谁想出让"Seymour"身边的人帮它开门，这个想法让他觉得很有意思。

MIT时期的科林以及他自己做的堆积如山的计测器

然而，实验室有人觉得人类帮助机器人需要一定的理由。于是，科林提议让机器人给帮它开门的人一些小点心，后来这个方案被采纳了。你帮助"Seymour"后，它会给你巧克力。科林还给这个机器人制作了托盘，这是他在机器人实验室的第一个正式项目。

科林接下来的项目灵感来源于他非常感兴趣的伺服电机。伺服电机是一种可以控制车轴转数和停止位置的电机，是机器人开发中不可或缺的部件之一，之前也常应用于无人机。科林在老家时没有这么酷的部件，他像得到新玩具一样，用各种新奇有趣的方法把机器人与伺服电机组合，试着做出能动的机器人。这个机器人可以挥舞或举起胳膊，机器人面部还安装了可以动下巴的组件，这个不是实验室的正式项目，是科林基于自身兴趣而做的附加项目。

科林把这个机器人命名为"Feature"，这个名字来源于计算机领域中一句有名的给自己开脱的话，当编出的程序出现错误时，为了给自己开脱，编程人员会说"这不是错误（Bug），而是一个未知的特性（Feature）"。科林起的这个名字在实验室很受欢迎。

罗德尼教授看到这款机器人后印象深刻，不仅认可了科林的才能，还觉得他是能一起做项目的非常有趣的学生。之后教授问科林："它非常棒，但是它的腿没有什么劲儿，走不利索，只能用两条腿拖拽着身体移动，你能不能做出可以真正行走的机器人？"于是，科林决定尝试去做像昆虫一样可以来回行走的机器人。

2.9 活跃于 AI 实验室

罗德尼教授对科林做昆虫机器人的想法很满意,让他加入了 AI 实验室。AI 在这里不是人工智能的简称,而是指"人工昆虫"(Artificial Insects)。

为什么想做昆虫机器人呢?当时大家都沉迷于做出一款可以下国际象棋的超人之类的机器人,罗德尼教授想另辟蹊径。如果以制作超人的思路制作一款可以行走且对人类有帮助的机器人,最终还是需要超级计算机。然而,蚂蚁是不可能拥有一个像超级计算机一样的大脑的,所以这个策略是错误的。

但是,不制作超人,而制作类似昆虫的机器人如何呢?这就需要想出在不使用超级计算机的前提下实现这个目标的方法,当时科林在想,比起那些普通的创意,不如制作一个更接近真实生命的机器人。

对昆虫机器人的兴趣促成了科林和罗德尼教授第一个合作项目,这是一个六足机器人,被命名为"Genghis"(源于开创蒙古帝国的成吉思汗)。科林负责机器人"Genghis"的所有设计,比如基础控制结构、传感器以及电子线路,罗德尼教授负责机器人的大脑部分。

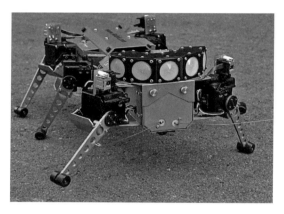

科林和罗德尼教授首次合作诞生的机器人"Genghis"

"Genghis"的大脑部分很小,微处理器只有8比特,存储器只有256字节。即便如此,它的性能也远超罗德尼教授的同事们研发的利用超级计算机行走的机器人。之后,"Genghis"出名了,在隶属于史密森尼学会的美国国家航空航天博物馆展出了十年时间。它也成为AI实验室展示自身能力的最好例证,索尼公司研发的Aibo宠物狗机器人也在很大程度上受此影响。

之后,罗德尼教授成了MIT终身教授,科林也开始攻读硕士学位,两人的合作关系一直延续了很长时间。"Genghis"的成功也促成了之后iRobot公司的创立。

2.10 顺利决定未来出路

关于之前"大学生活结束后打算做什么"的提问，马上要到科林给出答案的时候了。那时科林正在上博士课程，已经快要拿到硕士学位了[⊖]。

科林的专业虽然是电气工程学，但只是个名号，实际上要学习机械工程学、计算机科学等各种各样的学科。随着博士课程的推进，数学科目的比重越来越大。得知这个课程还要理解多元计算和数学概念图后，科林开始变得不安起来。

这时候，科林到罗德尼教授办公室拜访，教授对他谈到想开一家机器人研发公司。听到这个想法，科林立即表示"我也要加入"，后面的一切就这样开始了。

据说iRobot最初创办的四天时间，罗德尼教授任CEO，科林的职务是步行机器人开发部部长。科林自己都不知道这个职务名称的准确意思，他觉得那四天自己

⊖ 美国允许本科毕业生直接申请读博，但需要在读博过程中拿到硕士学位。——编辑注

可能是世界上第一位步行机器人开发部部长。然而，他们很快就发现罗德尼教授还是志在学术，比起经营公司他更注重研究和技术开发。这样一来，罗德尼教授就无法继续担任公司 CEO 了。

而科林很喜欢创建组织等事务，没有这样的事情做他就浑身不舒服。即便把他放到穷乡僻壤，而且周围的人都不会说英语，如果此时他们需要一个水坝，科林也有信心能组织这些人建起一个水坝。

这样的个性使科林不愿只当一个步行机器人开发部部长。四天后，公司出现混乱，这时候科林向罗德尼教授提议："我来做 CEO，您来担任 CTO（首席技术官），这样问题就解决了。"

罗德尼教授接受了这个提议，这样，在公司创立的第五天，管理架构基本固定下来了。

2.11 结识海伦·格雷纳

另一位与科林共同创立 iRobot 公司的海伦·格雷纳也是他在 MIT 期间认识的。

海伦是非常有人气的机械工程师，科林之前就听说过她，但两人真正认识是在科林大四结束后，博士课程开始前的那个夏天。科林在美国国家航空航天局下属的喷气推进实验室工作,海伦刚刚和这个实验室的一名男性研究员一起成立了一家公司。

海伦非常聪明,并且很有野心,正好科林要成立公司,于是他决定去认识一下海伦。科林总觉得海伦不满足于她之前创立的公司,她看起来有一种挫败感。

于是,身在加利福尼亚的海伦表示"可以,明天我就过去看看",当天晚上就退租了公寓,第二天就自己开车一路开到波士顿,参与 iRobot 公司的创立。

公司成立之初的海伦·格雷纳、罗德尼教授、科林(从左到右)

海伦主要负责公司与政府的业务,比如到华盛顿出差,她可以在没有预约的情况下参加会议,非常沉着地坐到陆军大将旁边，最终拿到合作订单。

iRobot 成立初期，海伦在拿到与美国国防相关的订单上发挥了重要作用，她是一名谈判高手。海伦出众的能力使她无论走到哪儿都能成为话题，但她没有忘记自己的使命，之后又签约了许多供应商，这对于科林等人开发机器人十分必要。

在罗德尼教授与海伦二人的支持下，iRobot 这条船开始向着广阔的大海进发。但是，海面并不是风平浪静的。

特别专栏

采访罗德尼·布鲁克斯教授

博士眼中 iRobot 诞生的幕后故事

Q：您在 MIT 见到科林·安格尔的第一印象是怎样的？

A：那是 1988 年，正好我的实验室要招聘几个大学生。我想要的是那种从骨子里喜欢制作东西的人。最终我们实验室要了三个人，选择科林的理由也很简单，你如果看到他写的制作清单就会明白这个人是多么热爱这件事。

后面他的面试也很棒，科林不仅具有创造性思维，而且无论多么难的问题他都以积极的态度回答，毫不畏惧。在其他学生看来不可能的事情他都能顺利完成，科林正是我要找的人才。1988年夏天，由我负责程序部分的机器人"Genghis"原型机完成，这是我和科林第一个合作项目。

Q：我们还想听听结识海伦·格雷纳的事情？

A：1989年科林在位于加利福尼亚州洛杉矶郡帕萨迪纳市的喷气推进实验室工作。他在那里从事小型火星探测机器人——火星车的开发。那个夏天，我和科林也有过接触，我会给他提供一些必要的零部件或者软件。

科林结束火星车的开发工作后返回了MIT，开始了以"Hannibal"和"Terra"两个机器人为课题的硕士项目。

到了1990年，我们觉得将来的机器人开发如果交给喷气推进实验室等美国国家航空航天局相关组织的话，其官僚主义会使开发效率低下，于是我们想自己创办一家公司。

海伦也在喷气推进实验室工作，她在 MIT 期间的指导老师是我。我会在要报名的科目或者要学习的课程方面给她一些建议，所以我对海伦比较熟悉。

科林通过喷气推进实验室知道的海伦。给她打电话后，海伦欣然接受邀请，马上开着沃尔沃车来到了马萨诸塞州，这就是 iRobot 的开始。

Q：创业麻烦吗？

A： 做这个决定很简单。我们觉得这件事很有意思就决定去做。现在都有专门的创业课程吧？学习课程可以了解创业流程和募集资金的方法。但我们创业之初并没有什么了不起的计划。

Q：科林的人生信条是乐观主义，对吗？

A： 可能是有点儿糊涂的乐观主义。没有资金，也不依靠风险投资，创业八年后才开始接受外部投资。

Q：那么，你们的机器人开发资金是从哪儿来的呢？

A： 我们与客户签订的合同中必有提前预支款项的条件。通常，在项目开始前，客户会先支付一半的报酬作为预付款，之后我们开始开发，待项目完成、产品售卖完后再收取剩余酬劳。

Q：机器人"Genghis"采用了"包容架构"（Subsumption Architecture），它对早期的"Roomba"项目也产生了一定影响，"包容架构"到底是一种什么样的东西呢？

A：我刚开始写"包容架构"相关论文是在 1985 年，是在观察昆虫时得到的灵感。我对把昆虫当成某种机器来看非常感兴趣。昆虫能到处移动，到达目的地，并且能感知周围的事物，但它的大脑很小。

例如，蜜蜂的全部神经细胞才 100 万个，且它的神经信号传达也相对低速。但是，当时的大型机器人并没有这么好的性能，给它们指示去完成某些动作也不太可行。也就是说，昆虫为我们提供了一种可能性，即以不同于人们普遍认知的结构来活动。

实际上，不论以前还是现在，很多人都在用"感知系统"来看待生物。在这种思考方式中，首先要给周围的东西建模，基于此来制订机器人的动作计划，从而指示机器人如何完成动作。简单的昆虫在专注于做更加简单的动作，这是我想法的来源。即便各种昆虫的复杂程度不同，但它们的共同点就是不停走动。但是，昆虫的计算能力也不值一提,不能做到给周围的东西建模。

由科林设计,我来编程的机器人"Genghis"在步行中不能判断前方是否有障碍物。但是,如果向前伸腿后碰到东西,机器人就会把脚抬高。"Genghis"设置了57种像这样的反应程序,即便到荒地上也能行走。此外,它还安装了排成一列的红外线传感器,可以感知前方是否有人,如果左右两侧的红外线传感器接收到的反馈不同,机器人会相应调整步幅,避开障碍物。

"包容架构"就是指多个规则在互不干涉的情况下并行使用,从而指示机器人敏捷活动,"Genghis"就是应用这个技术的机器。之后,这种想法应用到了包括"Roomba"在内的iRobot生产的其他机器人中。进一步来说,现在的电脑游戏中约2/3是基于"包容架构"的延伸——"行为树"来制作的。

Q:在将理论应用到现实的产品中时,您有没有感受到落差感?

A:这个常有(笑)。特别是初期的算法反应速度很慢,从长远来看,在与绘图功能并用时也有问题。"Roomba"机器人也在开发过程中加强了绘图功能，通过算力提升和更多新发明的投入使用，理论与实际应用之间的差距被缩小了。

Q：最初开发机器人"Roomba"时最具挑战性的点是什么？

A：比如说，我们觉得开发一万美元或者两万美元的机器人，人们不会买，所以要降低成本，这点很困难。

在开发"Roomba"之前，我在开发一款人形玩具"My Real Baby"，偶尔因为MIT工作的关系会去中国台湾，我闲下来会去半导体厂家，找便宜的微处理器。我发现一个小企业在制造非常便宜的芯片，存储容量只有128比特，于是我就把它用到了机器人"My Real Baby"上。

但这个容量对于"Roomba"来说不够，我又再去找，发现有另一家企业有生产512比特低成本芯片，于是我把新的芯片用到了"Roomba"上。找到合适的微处理器时很兴奋，但寻找低成本芯片的过程对我来说是很大的挑战。

Q：整个开发团队会面临什么样的困难？

A：开发团队的挑战就是确保产品出色的吸力，其输出功率至少要达到当时传统吸尘器的水平（功率为 300 瓦）。

此外，软件团队要写出一些与必要功能对应的程序，但一开始，之前提到过的芯片存储器中装不下这些程序。因此，我有次出差就把当时还很重的 Mac 笔记本电脑和大量的程序文件带上飞机，亲自缩减程序大小。

多亏了这样，程序才被顺利写入存储器，"Roomba"才得以启动。

Q：反过来，开发"Genghis"和"Roomba"时最开心的事是什么？

A：开发"Genghis"的三个月是我人生最棒的时光。12 周的时间，日程很紧张，但我和科林两个人的开发工作是非常有趣的。

在 MIT 当教授管一个班级时，会被各种琐事占用时间，但这一段时间我们两个人就整天沉浸在开发工作中。那年三月，我三个孩子中最小的女儿出生了，但直到夏天"Genghis"开发完之前，我几乎没见过女儿（笑）。在这个项目中，我们得到了肉眼可见的成果，从开始到结束我都非常开心。关于

"Roomba"，我觉得最棒的点是，我们做出了一款普通人真正可以接触到的机器人。这是值得震惊的创举。在这之前，人们不会去买一款机器人。

它不仅仅是卖出去了这么简单，而是以万台为单位被售卖出去，能从事这个产品的研发可以说太让人开心了。当然，对公司财政来说还没有达到成功的程度，所以这不是钱的问题，它的意义在于我们做出了一款人们愿意购买的机器人。

Q："Roomba"对您和科林来说就像儿子一样，对于它的成长您有什么感想？

A：我觉得对任何机器人都不应该设置性别，所以"Roomba"不是儿子，应该叫孩子（笑）。

首先，我对于"Roomba"卖出去3000万台非常吃惊，但更开心的是，我发现大家在日常生活中经常会提到它。在漫画或报纸中，"Roomba"也会出现，大家似乎对它很熟悉，不需要特别说明。可以说，"Roomba"已经成了文化的一部分。

其次，不只是"Roomba"，iRobot公司最自豪的应该是2011年3月福岛核电站发生泄漏事故时，我们马上送去了现场探测机器人。我自己也在2014年4月到访了当地，看到那些机器人还在工作。自己参与开发的机器人可以从事这样的救助活动，是我觉得最自豪的事。

Q：**您认为今后机器人会给社会做出怎样的贡献？**
A：美国不用说，日本、中国等国的老龄化问题都越来越严重。并且，随着教育水平的提升，人们越来越回避去做一些单一化或者工作环境恶劣的工作。比如在制造业非常繁荣的中国，以前很多人在工厂打工，后来生活水平提升，教育也跟上来了，现在人们开始想要回避单一化、辛苦的工作。这样的话，人们要想维持现在的生活水平，必然会扩大机器人的应用范围。

不过，很多人听到这个，会误解成就是把现有工种一对一置换成机器人。

比如，日本台场，无人驾驶的百合鸥线是在专用轨道上运行的，对吧？如果汽车在普通道路上也这样开，就会和其他车辆冲突。所以，限定区域，建一条专有线路就很有必要了。要让机器人安全地实现某些功能，我们自身也要改变做法。

"Roomba"机器人也是一样，它是专门清扫地板的机器人，不能完成擦玻璃和擦桌子的任务。机器人还有很多功能是人类还没开发出来的，克服这一点是今后一大挑战。这必然需要大量的研究，即便在我们看来很日常的活动，要想在机器人身上实现，还需要我们做更多努力。

Q：您对智能家居的未来有什么看法？

A：现在的智能家居市场还停留在基本的软件层面，还没有达到自主发挥功能的程度。可以控制的东西也是以照明设备、空调为主，机器人并不能在室内走动完成指定任务。

所以，真正的智能家居必须依靠能改变这种状况的机器人和相应的应用软件去实现。我现在已经不在iRobot公司了，没法说他们现在在做什么，但我觉得做这样的产品对他们来说是一个自然而然的趋势。

Q：最后，您对年轻人或者教育从业者、企业家有什么寄语？

A：我们现在面临着各种各样的问题，如果没有科学的知识或者工具，想要解决这些问题是很困难的。我们应该让所有人都享受到 STEM 教育带来的成果。不只要做到在年龄、性别上无差别，STEM 教育也应该克服社会经济差异。比如，30 多年前，大多数中国人都处在贫困中，现在，他们的生活水平大幅提高，这与科学、工程学的应用，以及人们在这方面的努力密不可分。

所以，我希望能尽快创造一个环境，让所有的孩子乃至全人类都能接受 STEM 教育。

第 3 章

共创力的**推进**

iRobot 的创建与考验

——处在理想与实际经营的夹缝中

3.1 寻找一个与机器人公司相符的名字

科林在他所选的道路上并没有遇到大的障碍，与此相对，iRobot 公司在取名字的问题上却经历了一番曲折。

首先，最初公司名字是 I·S·Robotics，它的创立与 I·S·X 这个企业相关，且 I·S·Robotics 的经营活动是在 I·S·X 名下进行的。I·S·X 是一家政府外包公司，当时科林他们比较关注政府订单，所以和这样的企业保持联系非常重要。I·S·X 这个名字是 Intelligent·Systems·X 的首字母，"X"的意思是"未知"。后来，科林和他的团队开始做机器人相关业务，需要给自己的公司起名字，他们把 X 换成了 Robotics。总之，后来的 iRobot 公司是从 I·S·Robotics 开始的。虽然科林觉得这个名字没有什么创意，但很多人觉得 Intelligent·Systems 这个名字对获得政府订单非常有帮助，科林对此也很理解。

虽然 I·S·Robotics 与 I·S·X 公司关系不错，但因为前者是后者的全资子公司，所以子公司还是会受到来自母公司的一定限制。比如，创业者不能持有本公司股票，母公司不允许创业者在这个公司挂名后再去创办其他公司。科林他们感觉这和自己的期望有偏差，于是离开了 I·S·X，决定独立创办新公司。公司的名字是 Artificial·Creatures·Inc，来源于科林他们当时非常想做的"人造昆虫及生物"。但是，新公司的董事会也有来自 I·S·X 的人员，他们又建议说，"这样奇怪的名字没法拿到政府的订单"。

科林最后听取了建议，又把名字改回了 I·S·Robotics。但之后科林还是不喜欢这个名字，其他员工也不太想叫 I·S·Robotics。而且，I·S·Robotics 简称 I·S·R，这个名字更加无聊。但是科林他们也没有好的想法，最开始的四年不得不一直用这个名字。

3.2 领先时代的公司名字"iRobot"

某天，科林他们正在吃午饭时有了一个新想法。"我们接下来要做什么呢？""我们确实做了些很酷的东西，但怎么让这个公司运转起来呢？"在这样的讨论中，有人说："如果我们做出的机器人能拥有像人类一样的智慧，这肯定会是门好生意吧？"

如果制造出这样的机器人，肯定会成为一门好生意，这没错。但是，即使是现在，科林仍觉得要达到这样的水平还需要相当长的时间。更何况那是在20世纪90年代中期，这简直是痴人说梦，根本不现实。

就在科林思考哪些想法具有可行性时，逐渐普及的互联网和WiFi引起了他的注意。WiFi可以使互联网和机器人之间实现无线数据传输。

科林又想到位于印度的客户服务支持中心。现在应用AI、语音识别及合成技术来实现客户服务支持的企业越来越多，但在最后需要人工客服时，无论在当时还是现在，大多数情况靠的还是印度的客户服务支持中心。这是因为在印度比较低的薪资就可以招聘到优秀的人才。

于是科林想："为什么我们不通过互联网和WiFi，让客户服务支持中心去控制机器人呢？"也就是说，将人类的大脑与数字科技结合起来。如今，很多企业远程监控或远程控制工业机器人已成为常态。

这种机器人的名字很自然地就浮现在科林的脑海中，名字就是Internet·Robot，简称iRobot。这是在苹果公司发布"iMac"产品之前，是完全具有独创性的名字。

总之，科林认为如果真要开发这种机器人，它一定是面向一般消费者的。这样的话，公司的名字也应该符合这一定位，I·S·R 显然不太合适。

事情进展到这一步，科林他们终于有信心让董事会更改公司名字了，但是想来想去也没有一个特别满意的，最后他们觉得既然要做 iRobot 这个产品，这就是大家未来的目标，所以公司名字也改成了 iRobot。

之后的 iRobot 开发出了"iRobot LE"（LE 是 Limited Edition 的简称，意为限量版）机器人，它允许用户借由网络远距离监控家里的情况，并且可以和家人进行交流，决定公司名字时候的设想已经实现了。

3.3 对小说及电影《我，机器人》的想法

作家艾萨克·阿西莫夫对科幻小说有很大贡献，科林对他充满敬意。所以他想把公司名字和阿西莫夫的代表作之一《我，机器人》（*I, Robot*）联系起来。从商标权益上看这样做没有任何问题，因为书名和公司名属于完全不同的领域，并且他们还考虑到，小说名字中"我"和"机器人"中间还有符号"，"。

阿西莫夫的《我，机器人》是由多个故事组成的

短篇小说集，2004 年，以这部小说为基础创作，由威尔·史密斯主演的电影《我，机器人》上映，这里面还有一段不为人知的故事。美国商业界常常发生这样的事，这个电影公司提出要买下 iRobot 公司名下的网络域名。当然，科林拒绝了这个请求，但他觉得这是个难得的机会，可以好好展示一下公司的产品，所以在好莱坞中国戏院举办的电影试映仪式上，"Roomba"机器人表演了清扫红毯。同时，《我，机器人》DVD 中的彩蛋内容还收录了对科林的采访。

但是，科林对电影内容还有不太满意的地方：故事中起到重要作用的机器人开发商 U·S·R 的 CEO 最后竟然被杀了。科林笑着说："我希望电影能避开机器人公司 CEO 被开枪打死这一段。"

3.4 构筑机器人开发的基石

公司名字固然重要，但从产品开发的角度看，对 iRobot 公司来说，最需要的是机器人开发的根基——架构（Architecture）。"Architecture"与建造建筑物的"建筑"是一个词，在计算机及科技领域，它指的是做某个东西的结构、框架，也就是类似建筑基石的东西。

如今，有很多电子产品的零部件量产后投放到市场，这其中也有面向机器人开发者的零部件。但是，在 iRobot 公司创立伊始，一切设计都要从零开始，稀缺零部件都是用不同领域的产品替代的，例如伺服电机用的是模型飞机的。

有些零部件或者软件可以实现标准化，像乐高玩具一样，通过拼装就可以制作出一件产品，这样的零部件叫作"积木"，对 iRobot 的开发人员来说，首先要准备好自己要开发的机器人所需的"积木"。

罗德尼教授负责控制机器人举止动作的"行为控制架构"，这个是以第 2 章他采访中提到的"包容架构"为基础的。罗德尼教授实验室的工作人员，也就是读博士课程的学生们，也会使用这种架构使自己开发的机器人可以做出类似生物的举止动作。

这种架构之所以重要，原因在于不仅仅 iRobot 公司自身将它运用到了机器人开发上，而且量产后的机器人还会卖给全世界的科研机构，与其他的软件及开发工具结合使用，从而帮助各科研机构开发机器人，据说日本的客户最多。当然，不仅是软件方面，电子化的硬件架构也很必要。科林采用的是可以与不同传感器和计算机组合的模块化设计。

机器人的电子线路开发类似于笔记本电脑，但也有比较大的不同。机器人的一个系统里有很多传感器和发动机，会产生噪声，所以保护电子信号免受噪声干扰就成了一个难题。

科林试着挑战去创建一个架构，这个架构可以每年更新微处理器。这样，所有电子线路和软件都要重新开发，直到他们觉得做出了一款最好的可用于机器人的计算机系统。之后他们用这个系统一个接一个地做出了早期的各种机器人。

"这些机器人可能看起来不是那么高级"，科林说道，"许多想要研究机器人或者 AI 的学生们野心勃勃地开始了项目，想要花四年时间造出能活动的机器人。之后他们就会发现这项研究是非常困难的，除非你不仅解决了动力方面的电子线路问题，而且建好了一个可以将传感、反馈、行动和计算结合起来的架构"。

从这个经验出发，iRobot 公司解决了机器人开发者的问题，真正的研究得以推进。如何将机器人开发中复杂的问题以简洁且可信的方式解决是一个很大的挑战。

3.5 每一天都被工作填满

虽说简单,但是买方在使用这个架构时也必须有相应的电力学知识。由于买方的用户不是电力学方面的工程师,所以可以想象,售卖机器人开发用的组装部件这门生意进展并不是很顺利。再加上机器人定价过低,iRobot 公司这个时期的经营状况十分糟糕。这就使公司的薪资体系出现问题,不管是前台还是科林自己,薪资都一样,比硕士研究生赚得还少。

由于要解决的问题非常棘手,那时,除了一名员工,其他包括科林在内的员工工作都很饱和。只有这名有家庭的男员工可以上午九点上班,下午五点半到六点下班。其他员工都是上午十点来公司,一直工作到这名员工下班,然后稍微休息两个小时,最后再起来工作到凌晨两三点。

这时候,公司放着很多打盹用的躺椅,这样的日子每天重复。科林他们坚信,机器人开发事业要想成功,首先必须解决之前提到的问题,所以他们不断地朝着目标努力。

科林印象最深的是有次和某个企业客户打交道,交货期已经过了两周多，虽然他解释说他们为了完成合同约定的机器人项目一直在加班加点，但是对方依然很生气。

因为这款机器人和"Pebble"类似，也是带履带的产品，公司全体员工已经在这款机器人上花费了很长时间，但一直达不到预期效果。于是，某天上午，对方企业一名女性打来电话催促科林。她就像拿着手枪站在科林旁边一样，喋喋不休，十分生气，任凭科林怎么解释自己正在努力解决问题，她还是不接受。

即便如此，科林还是当作什么都没发生一样，继续默默地工作，终于到了所有东西组装完毕、进行最后一个测试动作的时候，没想到开关一打开，机器人竟然爆炸了。

科林和员工们呆呆地望着已经冒烟且损毁的机器人，过了二十分钟没有一个人说话。但科林已经在思考爆炸原因了。机器人体内的动力系统会有大电流通过，虽然内侧有氧化膜起到绝缘作用，但一定是某种原因导致内壁受损，氧化膜脱落，触碰到了电路板从而引发了爆炸。

科林在这时是怎么做的呢？他带着当时在场的所有员工去吃晚饭了。他记忆里那好像是凌晨一点钟。他们去了公司附近一个 24 小时营业的餐厅，吃完饭后大家就原地解散了。

第二天早上，科林给客户打电话说："这个项目可能还要花费几天时间。"

3.6　聪明才智挽救了早期机器人的发展

科林每次和别人说公司有默认的打盹时间时都会引来一阵羡慕，大家都希望自己的公司也学习这个制度。科林接着会补充一句"但是要工作到凌晨两三点"，早期的 iRobot 公司就是这样，每天在冒险中度过。

当时的产品是面向研究所的，叫作研究型机器人，科林和同事们在开发机器人的过程中学会了如何制造这些机器人。幸运的是，研究型机器人的用户是机器人科学家，精通技术问题，如果有什么问题，给他们一些指导，比如"可能是电子连接器没接上，拆开机器人，插入连接器重新试一下"，他们自己就能操作。

当时他们深切地感受到一个事实：要使机器人可以

长时间保持各项功能正常，他们能做的和必须要做的事还堆积如山。总之，那个时候，连所有的焊接都是他们自己亲手一点一点去弄的。

但是，对于挑战未知领域的初创公司来说，用人力和好的想法去覆盖人才或者经济方面资源的匮乏，这种情况并不少见。并且，制造新产品的工具很多是由公司自己开发的。iRobot 公司也不例外，由于没有资金购买所需的高级工具，他们就用金属切割剪刀来切金属板，用开槽机进行开槽，用冲压机开螺丝孔，就这样做出了打造机器人主体的金属薄板。

iRobot 在小批量生产各种机器人时习惯用的制造方法会用到笔式绘图仪。笔式绘图仪主要作为绘图的输出装置，它能用多个笔画出彩色线条和设计图。用笔式绘图仪可以把螺丝孔的尺寸等数据用分色图纸展示出来，再将图纸贴到铝板上，把沿着线切断的铝板进行折叠拼装，这种做法科林很在行。这种方法和折纸类似，很多机器人制造都采用这种做法。

这样做出来的机身与现在用 3D 打印和数控机床做出来的机身有很大不同。但是这种方法最大程度节省了对机身器材的投资，做出的东西又十分结实耐用，所以并没有任何问题。

科林之所以能自己完成这些工作，是因为他在 MIT 上学时学过机械加工技术。他感兴趣的是整个系统，而不仅仅是电子线路或软件。这让他意识到掌握机械加工相关知识的必要性，所以科林会找时间去上机械加工课。机械加工教室就在 AI 实验室隔壁，这些经验对于 iRobot 公司早期的机器人制造方法产生了很大的影响。

机械工程系的工程师中，没学过机械加工技术的也不在少数。他们设计的东西可能没办法活动。科林不只是用大脑思考，他会实际动手把设想的功能变为现实。

MIT 的机械加工教室有一种叫作 EDM 的机器。EDM 的意思是"用电火花加工"，这种加工是使用电弧放电来完成的，就是让电流流过本来是绝缘体的气体。这种技术还能加工硬金属，切割出来的直角尖接近 90 度。

但是，科林每次看到有人使用 EDM 机器时都会想："设计这种部件的人肯定没用过其他加工机器。如果用过其他的，他们就不会只是追求功能性，而是应该做出更美观、更易于拼装的部件。"

3.7　因排水雷机器人打开生路

iRobot 公司开发的商用机器人中很多用履带代替了车轮。履带经常用在工程车和坦克中，因其在荒地或者不平整的地面也能自如行走，所以很适合用在排雷或救灾用的机器人上。但是，科林他们一开始并不知道怎么制作履带。

调查后他们发现，一个日本的玩具模型公司制作了一款可以通过无线电遥控的铲雪车，科林他们马上拿过来研究功能。证实其功能非常完备后，科林他们随即决定使用履带代替车轮。从这个小插曲中也能看出，在早期的机器人开发中，从既有部件中找出比较好的加以利用非常重要，特别是给业余爱好者制作东西用的马达中有很多非常出色的产品。

iRobot 公司在努力与试错中进行着产品的开发，而公司的经营却处于困境中。即便它在 AI 系统方面有技术实力，还拥有制造机器人的架构，却唯独没有投资人看重的核心业务，这导致公司融资渠道受限。

当时，科林的目标是创造一个能够对人类有帮助的机器人，但他还没有发现只有机器人才能解决的问题。

虽然有研究所这个大客户，但这在规模上还远远不够。

因此，在 iRobot 公司创立后六年半的时间里，科林虽然每个月给员工发着工资，但月初，公司常常连保证月末工资正常发放的钱都没有。但即便自己的薪水延迟发放，科林也不会拖欠其他员工的，所以大家都觉得这里好像很稳定，对公司很放心。然而，这是一种幻想，实际情况并非如此。

早期的 iRobot 公司光在支付工资方面就遇到很大问题，对它来说，如果承包政府的机器人开发业务，似乎会成为一个重要的收入来源。国防相关的工作通常危机四伏，科林觉得，如果用机器人代替人工，也许会创造出新的价值。

公司创立后不久，伊拉克入侵科威特，海湾战争爆发，沿海浅滩处布设的水雷阻止了部队登陆，这成为美军一大困扰。发现并排掉这些水雷的需求非常迫切。好了，那就制造一款解决这个问题的机器人吧。科林他们决定开发一款扫雷机器人，而非扫雷艇。

但是，具体要怎么做出这种机器人呢？布设水雷的浅滩处海浪来回拍打，被称为碎浪带，连潜水员都会不断被浪头打翻，有误触水雷的危险。科林不断思考什么物种可以在这样的海域幸存下来，最后他想到了螃蟹。

螃蟹的腿细长尖锐，浪来了，它可以晃动腿，把扁平的身体卧进沙子中，不至于马上被冲走。而且，在制作用腿行走的机器人方面，科林他们是专家。所以，他们也应该很擅长制作螃蟹机器人。

科林与同事们立即向政府递交提案，决定开发一款螃蟹机器人，虽然预算很少，但总算成功签署了合同。

接下来当然就到了实际进行机器人开发的阶段。iRobot公司已经开发过六足低重心机器人"Ursula"。以此为基础进行开发有很多优势，问题是如何增加防水功能，特别是发动机的防水。科林他们最后决定设计一个完全防水的盒子，把机器人主要部件包起来。这样虽然总重量增加了，但是因为机器人活动场所主要在水里，所以问题不大。

成功完成最初合同内容的科林决定签一个更大的合同。最终，他做出了名为"Ariel"的机器人。从零开始研发的机器人"Ariel"和螃蟹的构造更加相似，它不仅横着走路，还能真的晃动脚部。并且，由于采用了上下对称的设计，如果被浪打翻也能继续活动，脚部的传感器还可以识别塑料和金属。

由螃蟹获得灵感的机器人"Ariel"

机器人"Ariel"的任务是携带炸药在水里行走，发现水雷后马上把自己埋在沙子里，寻找合适的时机毁掉水雷。排雷机器人是 iRobot 公司第一个签约后做成功的机器人，但之后项目就终止了。

关于终止的原因，科林分析是人们还没有做好准备接受这么复杂的机器人。但是即便如此，这次开发也给美国国防部留下了很深的印象，让他们了解到 iRobot 公司有很多很新奇的点子，这也影响到他们接下来的一个项目，这个项目为之后"Roomba"的成功打下了基础。

3.8 "PackBot"的诞生

海湾战争后，美国又遇到了另一个危机——俄克拉荷马城爆炸案。原美国陆军士兵用汽车搭载爆炸物，制成汽车炸弹，炸了位于俄克拉荷马州首府俄克拉荷马城的联邦政府大楼，酿成了包含19名儿童在内的168人死亡，800多人受伤的惨剧。爆炸威力相当于三级地震，联邦政府大楼约八成建筑物化为瓦砾。这是2001年美国"9·11"事件发生前，美国历史上死亡人数最多的恐袭事件。

救援队队员为了救出被活埋的人，想要进入事故现场，却面临难以想象的困难。虽然他们不断听到求救的声音，但因为损坏的建筑物随时有坍塌的危险，所以他们无法进入建筑物中。

将来如果再发生类似的事件，如何避免无法救助伤员的情况再次发生呢？当时的海军陆战队上校开始思考解决方案。后来他到了美国国防高级研究计划局任职，决定广泛征集救灾机器人相关方案。

他们对于机器人的要求是：它可以进入危险的建筑，爬上坍塌的楼梯，并拥有一个可以移动障碍物的手臂,以帮助解决这类情况。如果方案被采纳,会给予方案提出者十万美元经费用于制造机器人。这个阶段会有五六家公司入选,而开发出优秀机器人产品的公司会得到100万～200万美元经费,投入到实际应用场景中。

已经和政府有过合作的波音公司、通用动力、洛克希德·马丁,甚至连喷气推进实验室都提交了方案。当然,iRobot公司也打算提交方案。

iRobot公司已经证明过他们可以想出有创意的点子,如果被采纳,100万美元的收入是可以预见的。

科林和同事们把完成的设计提交给评审委员会,几

用于救灾的机器人"PackBot"

位穿西装的人担任评审委员。科林他们设计的机器人装有一对履带，机器人前端还有可以上下活动的鳍状肢，乍一看很简单。

评委们看到机器人后反应很平淡，对这个作品非常失望。他们可能觉得 iRobot 公司会拿出一个令人兴奋且有趣的设计来，但实际上那只不过是一个再简单不过的机器人。

iRobot 公司研发的机器人有三个发动机。恰好洛克希德·马丁公司也来提交方案，他们研发的机器人中间有一个可以摇摆的装置，且内部装有 20 多个不同的发动机。他们宣称这个机器人可以完成一些有难度的任务。

其中一个评委对科林他们说："给你们机会这个决定是错误的，我们很失望。"科林马上解释说："各位评委，我们的机器人真的能用。"评委们问道："你是怎么知道它能用的？"

科林胸有成竹地回答说："我们从没有写个方案书就能拿到十万美元经费，所以我们真正去做了这款机器人，所以知道它能行。"接着科林从包里拿出制作好的机器人，"我们用真实的台阶试试吧，这款机器人真的能上台阶。"本来抱着怀疑态度的评审们现在开始产生了一些兴趣。

看到机器人真的爬上了台阶，评委们非常吃惊，发出"哇"的赞叹声。科林证明了自己的设计虽然简单但很精巧，是值得信赖的，获得了评委们的认可。这样，iRobot 顺利签下了合同，继续开发这个拿来演示的机器人，最后成功研发出救灾机器人"PackBot"。

之后，iRobot 公司用"PackBot"开始了前所未有的挑战，使它声名大噪。为了打破人们认为机器人很容易损坏的认知，科林他们搭建了真实的灾害场景，并制作了演示视频。

视频中，"PackBot"从三层高的楼顶摔到地面，从山丘下来撞击围栏，上下翻转着地后还能恢复到原来的样子，然后可以继续进入大楼、上台阶，重复前面的动作。

看了这个视频的人都称赞说："这和我知道的机器人不太一样。它们与众不同，但又像电影里的机器人那样坚不可摧，之前都没有人见过这样的机器人。"

科林又给"PackBot"增加了防水功能，他们让同一个机器人穿过一条小溪，从小溪另一侧走出去，这也让大家印象深刻。

iRobot 商业上的成功终于到来了。

3.9 活跃在阿富汗

"9·11"事件后,科林他们看到大量视频,记录了阿富汗战争实地发生的事情:士兵们把绳子绑在腰间,拿着手电筒和手枪进入洞穴,如果他们不幸负伤,其战友就拖拽那个绳子救他们出来。

在这种场景下挽救生命正是开发"PackBot"的意义,科林和同事立刻飞往华盛顿,寻找能听取他们提案的官员。

经过无数次被拒,科林他们仍没有放弃,最后,终于有一个名为"快速装备部队"(REF)的机构开始考虑他们的提议。REF 的任务是根据美军的要求,迅速准备并送达最新装备,解决战地发生的各种问题。

REF 的布鲁斯·杰特上校在听完科林的提案后,相信 iRobot 公司可以在救人任务上做出贡献,准备给他们一个机会。他同意 iRobot 向阿富汗运送机器人,但有两个条件:一是不光机器人,iRobot 公司的员工也要一同前往阿富汗;二是员工必须接受军事训练。

iRobot 的员工都没有接受过这样的训练,但出乎意料，在公司内招募志愿者时，很多人都自愿报名。其中，有一个叫汤姆·弗罗斯特的男员工，性格沉稳，虽然身材矮小，但身体健壮，最后他去了阿富汗。

汤姆在结束训练后到达指定的空军基地，那里驻扎着第 101 空降师，他向大家展示了"PackBot"机器人。士兵们大为惊喜，觉得这个东西可以帮上大忙，但他们第二天就被派去了伊拉克。后来，换成第 82 空降师驻扎在阿富汗，汤姆又要重新向他们展示这款机器人。第 82 空降师刚抵达阿富汗，汤姆就做了展示。

但是，这次士兵的反应和第 101 空降师有所不同。第 82 空降师第一次被派到阿富汗，也做了相应的训练，虽然对机器人的能力很赞叹，但他们觉得光靠自己也能顺利完成这些任务。

师团中一个士兵说："这确实是非常棒的机器人，但我们接受过进入洞穴确保安全的训练，不需要机器人。"然后他们出发了，第二天，他们开始了第一个任务。

阿富汗的乡下到处都是洞穴，用途不一，有些是塔利班储存炸药的仓库。但是，危险之处在于进入洞穴前并不知道里边有什么，而且，可想而知，卫生状况也会不好。

到第一个洞穴时，两名士兵间发生了这样的对话，"喂，你想进这样的地方吗？""你呢？你想进去？"接着，一个念头闪过，"对了，我们把 PackBot 叫来吧！"目睹现实条件，他们终于承认了机器人的重要性。

"PackBot"就这样开始执行重要任务，三周试用期结束后，士兵们对汤姆说："你可以回去了，把机器人留下就行了。然后再多运点过来。"

终于，科林和 iRobot 找到了可以给他们报酬的客户，也赋予了机器人切实的价值。从此，这些机器人不再只是个原型机或者想法。从这以后，iRobot 公司有了更多与国防相关的业务。

3.10 向福岛派遣机器人

经营上越发活跃的 iRobot 也会参加商业展示会，展示自己研发的机器人。这里既有小型机器人，也有稍微大型的。一次，在某场展示会上，科林他们偶然遇到了日本自卫队相关人员，他们对 iRobot 的机器人印象深刻。

同年，日本福岛第一核电站发生泄漏事故，科林及同事们深切感受到地震和海啸的可怕。之后 iRobot 公司接到一个电话请求，希望他们能向灾害现场派遣救灾机器人。

科林考虑了三分钟就做了决定，尽管对当时营收还不算多的 iRobot 公司来说，这意味着捐赠价值 50 万美元的机器人，还要派遣机器人维护人员。于是公司内部开始招募志愿去福岛的人，这次几乎又是全员报名，科林从中选出了六名最合适的人选。

然而，除了核反应堆损毁产生的热量和放射性物质外，人们还担心疏散区域。工作人员被要求远离疏散区，但最初开发机器人时并未料想到辐射情况的存在，到底机器人对辐射耐受程度如何还不得而知。

即便如此，科林觉得即使机器人只能坚持五分钟，能对救援工作有帮助，也是有价值的，接下来就是考虑如何测定机器人所处环境的核辐射量。解决方案很简单，他们购买了市面上由电池驱动的辐射测量仪安装在机器人上。这样，机器人不必连接线路，只要把辐射测量仪安装在摄像头能看到的位置就可以了。

东京电力公司在疏散区域外为 iRobot 工作人员设立了办公场所，在这里开设了模拟真实环境的培训课程，相关人员可以在这里接受机器人操作训练。

投入灾害现场的"PackBot"发挥了重要作用。原来，虽然当时核反应堆已经被关掉了，但仍在持续释放出大量辐射。为了对剩余建筑物内部进行检查，掌握辐射量较高区域的情况是十分必要的，因此，"PackBot"就有了用武之地。

此外，"PackBot"还是事故发生后第一个进入建筑物内部的机器人，东京电力非常感谢iRobot公司提供的无私援助。

"PackBot"现在仍然在核反应堆建筑里工作，另外，还有一台名为"Cobra"的大型机器人配备有大型吸尘装置，可以去除污染，降低辐射水平。"Cobra"就是"PackBot"的放大版本，它的动力强劲，伸展臂可以将机身抬起，依靠自身的力量就能爬上皮卡车载货车厢。

iRobot公司向阿富汗派遣了机器人，"PackBot"也在福岛大展身手，与此同时，公司也在迈出革命性的另一步，扫地机器人"Roomba"登场了。开拓与以往不同的消费市场，成为iRobot公司从国防相关业务转型的契机，这也为公司带来了新的可能。

第 4 章

共创力的**深化**

"Roomba"的诞生及商业模式的确立
——转型为面向消费者的企业

4.1 从电子游戏中获得灵感

之后，iRobot 公司开始从政府业务承包商转型为直接面向消费者的企业。乍一听，这两个方向没有什么关系，实际上，之前开发机器人积累的经验全部都用得上。

比如，如何设计人与机器之间的交互界面就是一个例子。一般来说，专家和技术人员使用的商用机器人最关键的是性能，即便需要一定训练才能熟练使用也没关系；而面向消费者的产品，不管性能如何出色，最好是不用阅读说明书就能立即使用。

即便在国防相关的机器人研发上，iRobot 公司也不惜下功夫提高使用的简便性，特别是在商业上很成功的"PackBot"，经过许多人在不同场景的使用后，其便捷性大大提高。

科林他们尤其顾虑的是，操作人员如何能与机器人处在同一个视角下自然地进行操作。"最好的方法是……"，科林说道，"在机器人后面放一根绳子，之后用追踪摄像头从后面观察整个机器人，然后控制它移动"。

但是，这个不太现实，实际采用的方式是在机器人上搭载摄像机，这样，操作人员在操控板上就可以看到摄像机拍出的画面。然而，机器人不但要来回走动，还要伸展手臂完成各种各样的任务，所以操控板也需要有相应的控制构造。

开发小组思考后的结果是，把"PackBot"操控装置设计成一个大箱子，里边有两个控制杆，可以进行六个角度自由操作。通过向后拉、向前推等扭动控制杆的动作，机器人手臂也会做出相应动作。

操作人员熟悉这个用户界面后就可以熟练地控制"PackBot"了。但在此之前需要数周的培训。驻守伊拉克的美军在使用这款机器人时提了一些让人意想不到的建议。

负责操作的士兵说："你们公司的机器人超难操控。为什么你们不把界面做成像电子游戏一样。"

听到这个建议后，科林马上把公司中玩游戏的员工叫到一个房间，给大家展示索尼的家用游戏机和手柄，并让大家思考怎么把这个用到机器人上。之后，他们有了新的操控方法，类似操控《光环》（Halo）系列游戏中出现的一种车辆。《光环》是微软生产的游戏机 Xbox

中的一款游戏。

因此，iRobot 决定把"PackBot"之前附带的用铝制成的价值一万美元的控制盒子替换成笔记本电脑和游戏机手柄。这样，培训时间可以缩短到 30 分钟。

降低使用难度后，科林让那些从小玩游戏长大的孩子操控"PackBot"。这些孩子可以灵活操控机器人伸展臂握把，甚至灵活到可以从别人的口袋里拿东西。玩游戏培养出来的手眼协调能力让科林大为吃惊。

如何让非机器人专家来操控机器人呢？对 iRobot 公司来说，在回答这个问题上，"PackBot"的操控板为他们上了很好的一课。

说到游戏，科林比较喜欢任天堂的《马里奥卡丁车》，关于虚拟与现实，他也分享了自己一些独特的体验。

科林开的车是"宝马 i8"，某次，他幸运地参加了宝马举行的一场赛车活动。活动中他可以驾驶高性能赛车，和教官学习如何进入弯道以及如何控制车的姿态。

粗略地学习后，到了检验这些技巧的测试时间。在测试过程中，赛车在拐角处漂移和滑动，这时科林想：

"这就像玩电子游戏一样。"然后随着赛车在赛场交通锥之间侧滑,科林的另一个念头又告诉自己:"不,这不是电子游戏。"

科林对虚拟体验和真实体验之间的关系感到困惑,如果这是他自己的车,他会更加迷惑。这是因为实际的赛车与游戏体验太接近了,反之亦然。

科幻小说作家亚瑟·查尔斯·克拉克以《2001:太空漫游》等作品被大众熟知,他有句名言,"任何真正的高科技都与魔法无异"。《马里奥卡丁车》与真实的赛车如此相似,就是这种技术的体现。"Roomba"有很多忠实用户,他们把这个聪明的清洁工称为宠物,认为它不仅仅是机器人,在某种程度上,这项技术也已经达到了这个水平。

在宝马的计时赛中,科林撞到了几个交通锥,但没有撞车,他最终完成了比赛。但因为没能获得第一名,他开玩笑说,"我应该多玩一点《马里奥卡丁车》"。

4.2 "拓麻歌子"的启发与"My Real Baby"

iRobot 公司并不是因为有商业点子才创立的,它是一家以机器人技术为基础的公司。它创立的目的是实现机器人产业化，将想象中的机器人真正应用到日常生活中去。这个目标前人没有达到，所以 iRobot 没有范本可借鉴。虽然 iRobot 公司目标只有一个，非常明确，但实现这个目标有各种各样的途径。

实际上，在开发"Roomba"机器人之前，iRobot 思考了 20 多个商业点子，不断尝试，又放弃。但它的追求一直是为用户提供超值的机器人产品。

这期间，iRobot 公司目标远大，不害怕试错。科林唯一注意的是，不去做那些会伤害到支持着他和 iRobot 公司的员工的不切实际的选择。

因此，从创业一直到 2002 年"Roomba"发布，这 12 年里 iRobot 虽然遇到过经营上的困难，却没有一名员工被解雇，这点一直是科林的骄傲。iRobot 的离职率也很低，不到 1%，离开公司的只有那些因配偶工作变动搬到西海岸的员工。

正是由于科林的这一策略，iRobot 才能在不破坏员工发展潜力的前提下去尝试不同的领域。其中一个就是玩具产业，之后的结果证明，进军这一领域对公司来说是一件非常重要的决定。

做出决定的契机是全世界非常流行的日本钥匙扣形

游戏机"拓麻歌子"。"拓麻歌子"是在一个小屏幕世界里，养育虚拟生物"拓麻歌子"的一款电子玩具。

"拓麻歌子"在 20 世纪 90 年代后期人气爆棚，刚看到这个产品时，作为机器人专家的科林并不明白它为什么这么受欢迎。但科林明白这么高人气的背后，一定有它特别吸引人的魅力。因此，科林想做一款机器人，可以给人真实的养育小孩的感觉。

刚开始他们做的是一款球形机器人，脸用 LED 屏幕做成。它可以自己改变方向，但需要用户按一下才能滚动。

科林他们之所以不把机器人设置成自动滚动，是因为重视它与用户的互动。但是，他们赋予了这个机器人一些个性特点，比如"喜欢被人触碰后转动""不喜欢阴暗的地方"。所以，如果它在滚动时前方有阴暗处，它会变换方向；或者，如果撞到什么东西，机器人会东倒西歪，大声喊叫。

科林他们拿着这个玩具去了几家玩具生产商，最后只有一家叫作孩之宝（Hasbro）的比较感兴趣，科林他们对玩具领域一无所知，所以请教了对方很多相关知识。

最终，这个球形机器人没有量产。但了解到这种机器人的孩之宝有一个提议，"科林，虽然球形的也很好，但我们想要一个婴儿形机器人，如果你们做这样的产品，我们可以一起合作"。

科林以前确实研究过机器人表情，有些表情在不同文化背景下是共通的。表情有五种，喜悦、悲伤、恐惧、吃惊、不满，只通过动嘴角和眉毛就可以表现出它们的不同。因此科林答应根据用户需求，开发一款可以表现出情绪与情感的机器人，他马上投入到开发中。

这就是"My Real Baby"诞生的过程。如果你轻轻摇动它，机器人就可以感受到，之后开始打哈欠，表现出疲倦的样子，然后会睡着；如果你喂它，它会试着

卖出 15 万个的机器人"My Real Baby"

吃东西；如果它开始哭闹，你给它换完尿布，它就会很高兴。

科林与同事虽然开发了能表现出这些表情的装置，但因为面部表情是非常复杂的，所以他们也学习到如何制作这些呈现复杂表情的复杂设备。同时，他们只用了一台电机，使成本得到控制。这是一台了不起的机器，它巧妙地利用凸轮装置带动了所有重要的部分。

"'My Real Baby'是一款非常出色的产品，只有一个问题……"，科林解释道，"它不够可爱"。

当然，这不是开发团队的意图。制作的模型是一个可爱的婴儿，他们也努力让机器人"My Real Baby"和婴儿一样可爱，但想象起来容易，实际做起来却很难。

在艺术和机器人工程学领域，"恐怖谷理论"是一个突出的问题。有些人为了追求真实性，让机器人达到栩栩如生的效果，会让看到的人产生一种恐惧感，这被称为"恐怖谷理论"，机器人"My Real Baby"也受到了这个理论的影响。

有些人会指责 iRobot 公司"为了让每个人都对机器人有亲近感，硬要把机器人做成一个大众脸"，这是一种误解。"My Real Baby"可能确实称不上漂亮，但这不能决定这款产品的价值。实际上,"My Real Baby"于 2000 年开始发售,总共卖出 15 万台,这对科林他们来说是一款非常棒的面向消费者群体的机器人。

iRobot 公司收到很多自闭症儿童家长寄来的信,信上说"My Real Baby"情感丰富,陪孩子玩儿不会厌倦,是一款非常吸引人的玩具。同一个游戏可以重复来玩,许多自闭症儿童家长都购买了这款机器人。它的科技水平可以称得上接近魔法级别。

但孩之宝公司并不满意,原因是这款机器人花费了大量预算,但没能成为和"拓麻歌子"一样爆款的玩具。不久,孩之宝就和 iRobot 解除了合作关系,经过这次合作,孩之宝也学到了一些机器人相关知识,之后独立研发出了非常成功的机器人玩具。

"拓麻歌子"光是第一代就在全世界卖出了 4000 万台,但它和"My Real Baby"在价格、受众群体上都完全不同,销售量有差异也不足为奇。倒不如说,"My Real Baby"在 20 年前,作为最新的治愈系机器人,并且当时其他厂家都没能将其商业化,能卖出 15 万台已经是相当不错的成绩了。

之后,iRobot 又和其他玩具厂家合作,开发出恐龙机器人，同样获得了成功。

创造人气纪录的恐龙造型机器人玩具

"My Real Baby"及恐龙机器人使 iRobot 公司学习到如何通过设计的合理化及量产来降低成本，这个宝贵的经验后来也用到了"Roomba"上。

4.3 与大企业的"共创法则"

在与孩之宝合作之前，iRobot 曾和美国庄臣公司有过合作，共同进行产品开发，这又是研发"Roomba"的过程中一个重要的里程碑。

庄臣公司后来改名叫 SC 庄臣，生产家用清洁用品、化工制品，现在还在日本售卖"管道清洁剂"（Pipe Unish）和"厕具洗涤剂"（Scrubbing Bubbles）。

科林通过与庄臣公司的合作，逐渐摸索出与大企业的"共创法则"，从而使商业上已经取得成功的大企业与还在发展中的新锐企业可以平等地进行新产品的合作研发。

收到庄臣公司的合作意向时，科林思考了自己公司与对方公司的关系。大企业基本都想掌握主动权，换句话说，出了钱也想管事儿。而科林最担心的是 iRobot 如何在业界活下来，如何收回成本。

因此，科林坦率地对庄臣说了如下的话："我们公司的员工大都是来自 MIT 的工程师或软件专家，掌握最前沿的技术，公司规模比较小，资金并不充裕。你们是大企业，和我们合作应该是想共同寻找新的商业机会。坦率地说，和我们进行项目合作比动员你们内部团队进行研发花费会更少。为什么这么说呢？因为我们只会要求你们支付用于研发的实际花费。

"但是，发明这种东西，中途会发生什么我们也不能预见。所以也不要给我们设置什么时候完成，完成到什么程度等的日程表。相对应，你们如果对我们做出的东西不满意，可以随时解约。你们只需要支付已经花掉的经费，不需要补偿，什么时候解约都没关系。到时候我们互道感谢，终止合作就好了。

"但是，如果我们做出了对贵公司非常重要的产品，从中产生的收益，你们应该和我们分享。"

科林觉得研发一个全新的产品同时也伴随着风险。但如果害怕风险，把各种案例的赔偿内容写进合同，制定严格的日程表，也就失去了做项目的自由，最终做出的产品可能也是平平无奇的。倒不如把限制最小化，控制欲望，减轻对方（这里指庄臣公司）的负担，最大限度地确保开发的自由，这样才更容易做出理想的东西。

当然，庄臣从没听过这种合作方式。但不管对于他们还是对于 iRobot 来说，这种方式都无可挑剔。

实际上，无论科林处于哪个立场，这种规则都适用。假如科林站在大企业的角度，与小型创新企业开展这样的合作也很好。

庄臣也赞成这个提议，项目随之启动，他们之后研发出了清扫商场地面的机器人。虽然这个机器人并没有取得商业上的成功，但 iRobot 与庄臣的合作本身非常顺利，后来 iRobot 又从"打扫卫生"这个点获得启发，研发出机器人"Roomba"。

这种共创力法则产生于 iRobot 与之前提到的孩之

宝合作时期，后来，iRobot 与美国大型石油开采公司贝克休斯、美国大型农业机械、建筑机械制造商约翰迪尔等公司合作时，均研发出了开创性的产品。

iRobot 与贝克休斯合作研发出了可以深入地下几千米修理油田开采坑的机器人，与约翰迪尔合作研发出一款名为"R-Gator"的军用可自动驾驶巡逻车。"R-Gator"配备了地图数据、指定路线、跟踪其他车辆三个自动运行模式，既可以远程操控，也可以人为正常驾驶。

科林说："这些东西与玩《大富翁》是一样的。在对合作双方都有利的前提下开展合作，我把小时候学到的东西应用到企业关系中去，iRobot 公司才有了今天的成绩。iRobot 与一般认知中的机器人研发企业不同，所以在最开始的八年半时间内，我们没有获得任何的投资和支持，研发资金不得不自己想办法解决，为了企业的生存，开展合作势在必行。这一切都来自《大富翁》游戏和极限飞盘。"

4.4 在平衡中前进

虽然 iRobot 商业上的成功还要等待"Roomba"

的诞生，但科林在不断前进的过程中一直清楚自己和iRobot所处的位置，没有迷失方向。这其中的秘诀在于，科林从不偏激，而是重视从广阔的视角出发平衡各种事物。

某经济杂志曾面向上班族做过一个调查，问大家最想得到专注力、创新力、记忆力中的哪一种，结果显示绝大多数人想拥有创新力，如果不去想一些新点子，没有思考如何组合新要素的能力，业务就会停滞不前。

而且，优秀的创意和灵感不是越思考越有，正相反，反倒是在停止思考的时候，也就是精神非常放松的状态下，它们会更容易涌现出来。

科林把自己定位为聪明的运动员而不是运动怪才，他会无意识地通过运动和户外活动放松精神，回到工作状态后就会不断想出非常棒的点子。科林一直以来都非常重视这种平衡感，现在这仍是他生活中非常重要的一部分。

比如说MIT，科林自己也认同，是一个非常学术的地方，学生们如果不把注意力集中在学习上就很容易掉队。科林在校园中埋头于制作东西，与朋友和教授的谈话内容也都和这个相关。

但是，一到夏天他就会去加拿大，在大自然中当一个夏天的向导。带领一个儿童小团队在森林里度过三周，然后再安全返回，这种野营活动也很常见。在森林中，科林会发挥自己工程师的优势，制作烤比萨用的烤炉，煮意大利面，尝试做一些在普通的露营活动中不可能做的料理。

对科林来说，享受自己所处的环境很有意义。以比萨烤炉为例，燃烧木材和木炭的过程，找出一个合适的烤炉结构，确定一种有效烹饪而不让烤炉底部变得太热的方法，所有这些都是如此有趣。

科林和 iRobot 公司都在最大限度地享受公司这个环境。他们珍视系统构筑、机器人研发、团队管理，对每样工作都充满热爱。科林说："思考如何激励员工，以做出更优秀的产品，这是令人兴奋的。"

科林还与爱人一起创立了非营利组织"Rise"，开发解决地球环境问题的机器人，在平衡与 iRobot 关系的前提下，这也是他毕生的事业。

大西洋有一种外来鱼种——狮子鱼，它会破坏珊瑚礁和本土鱼类，"Rise"从事的是研发消灭这种鱼类的机器人。安格尔夫妇有时会去百慕大诸岛潜水，他们从当地潜水公司负责人那里听到这些情况后，就开始思考自己能为消灭这些鱼类做些什么。

这个机器人配有远程操作技术和触电装置，一旦通过摄像头发现狮子鱼就会用电将其电晕，再把鱼抽进该装置收集起来。实际上，狮子鱼可以食用，渔民利用这个机器人在珊瑚礁捕捉这种鱼类，既达到消灭这个外来鱼种的目的又保证了收入，可以说是一石二鸟。科林说这款机器人造价很便宜，他们将与环保组织合作，向其展示这款机器人如何捕捉可以用来谋生的狮子鱼。如果展示成功，将有数千台驱除机器人投放到当地。

帮助解决地球环境问题，捕捉狮子鱼的机器人

为了解决环境问题，科林可以义务开发并提供这种

没有商业回报的机器人，这源于他热爱研发制造，心中始终有为社会做贡献的责任感。相比于 iRobot，科林在"Rise"更多地展示出自己对于户外活动和各种运动的兴趣，这里是他作为一名志愿者的大本营，也是他"充电"的场所。

4.5 员工的提案成就"Roomba"

回到正题，iRobot 通过各种各样的合作明白了如何高效使用经费，还了解到清扫地面这个虽然单调但很重要的作业领域，终于，开发扫地机器人"Roomba"的契机到了。科林平时会激励员工不断制造出更好的产品，"Roomba"的研发就来自员工的提议。

有些员工参与了与庄臣合作开发的清扫机器人，有些参与了与孩之宝合作的机器人"My Real Baby"，其他大都有研发国防相关机器人的经验。

这些人找到科林说："科林，我们研发面向普通消费者的机器人的时机到了。"

确实，iRobot 公司已经知道了机器人如何打扫卫生更干净，如何以低成本实现高性能，如何在特定区域毫无遗漏的进行排雷作业。如果把这些优势整合，应该可以制造出面向普通消费者的机器人产品。

因此，科林又追问他们："好，要做成这个你们需要什么？"回答是 15 000 美元预算和三周时间。如果能提供这两项，他们会把做成的样机带给科林看。

三周后，他们遵守约定，展示了做好的机器人样机。这就是"Roomba"的雏形。科林看过机器人后很满意，并鼓励他们："好，就按照这个节奏继续开发。"

为制造一款实用的机器人，iRobot 经历了知识与技术的积累，从萌芽到逐渐长大，此刻，它终于结出了果实。

科林说："我觉得其他厂家或多或少思考过制造自动扫地机器或产品的可能性。但是，即便在市面售卖，因为价格昂贵，一般人也买不起，所以机器人的研发在打样阶段就会停掉。也就是说，扫地机器人这个想法本身并没有创新性。问题在于如何恰当地组合各个要素，整合出一个更加合理的产品。"

确实，之前出现过类似的概念，第一章提到过，20世纪 60 年代电视剧《杰森一家》中出现了保姆机器人罗西；1957 年，美国大型家电制造商美国无线电公司曾为一个世界博览会制作了一款未来厨房的概念影像，其中就出现了自动地板清洁机器，但这些都还停留在想象阶段。

"只有 iRobot 公司掌握了高效清洁方法、复杂机器的制作方法和区域探知方法，是一家纯粹的机器人公司。这一点非常重要。"

对于那些不是机器人制造商的企业来说，扫地机器人这个想法虽然很有意思，实际做起来却非常困难。而且，专注于自己擅长的领域更容易提高企业收益。因此，在衡量了待解决问题和投资规模后，这些企业都认为扫地机器人生意没有前景。

实际上，甚至对于 iRobot 来说，开发"Roomba"也需要巨额的投入。最终，"Roomba"获得巨大收益，成长速度远超国防相关的机器人，但面向消费者的产品并不是产品制造出来就结束了，还需要产品销售、市场开拓，以及针对顾客的售后服务等产品支持服务。iRobot 公司还需要继续学习新知识，构建商业基础设施，这些任务量还很庞大。

有些企业看到"Roomba"的成功也想效仿，但它们的商业模式很单一。扫地机器人市场规模大概是 20 亿～30 亿美元，它们会计算与想要获得的市场占有率对应的预算，并在此预算下制造出与"Roomba"类似的产品。但在那时，科林还不清楚这个方向是否正确。即便产品从头到尾顺利做出来，也不能预见消费者反响如何。在这种情况下，产品开发需要背负巨大的风险。

但是，科林认为，反过来看，这正体现出了创业家精神以及小企业存在的意义。这也正是真正普及扫地机器人必走的路。

现在，如果单看技术方面，在"Roomba"诞生十年前，扫地机器人出现也并非不可思议。但是，几乎没有一家企业精通并且能整合这些技术要素。只有 iRobot 公司在这十年间掌握了所有技术，能保证资金投入，并且有勇气真正开始研发。

特别是"Roomba"的资金投入上，看了科林接下来的说明，大概能想象到数额多么庞大。"Roomba"从 2002 年开始售卖，在 2008 年～2014 年这六年中，iRobot 的营收主要来自"PackBot"。支撑"Roomba"销售的一系列投资都靠这些收益维持。换句话说，没有"PackBot"就没有"Roomba"的成功，过去所有的努力最终成就了这款产品。

但是,"Roomba"逐渐进入市场,事业步入正轨,相应的投资也不断扩大,这时候,科林做出一项重大决策——卖掉国防相关业务,把所有的资源都集中到"Roomba"以及后续的新产品上。

继续兼顾国防和消费者两个领域当然就意味着要分散有限的经济和人力资源。但科林知道他必须削减国防业务预算,把主要精力放到"Roomba"上。如果是这样,把国防业务拆分出来,卖给一家能够独立筹集资金、为业务成功而努力的公司会更好。

最后,iRobot 的国防业务被一家名为 FLIR 的公司收购。轻装上阵的 iRobot 彻底重生为一家消费者业务公司。

4.6　先驱者的反复摸索

前面的章节也提到过,看到"Roomba"后,模仿它,做出类似的产品是很简单的。实际上,现在仍有不少企业在从事仿品的制造和销售。"Roomba"一直被模仿,但从未被超越,真正意义上与"Roomba"齐名的产品还没有出现。

第一代"Roomba"机器人的构造及设计是由

iRobot 公司这一先驱者反复试错、不断摸索才确立的。因此，在这里，我想把大家非常感兴趣的研发过程记录下来。

第一代"Roomba"机器尝试了两种清扫方式：一种是用硬的短毛制成可以旋转的刷子来收集垃圾和灰尘，另一种是用带静电的布垫来吸附。

但实际上，他们事前尝试询问消费者的意见，对于使用吸附布垫的机器人，大家都不太愿意花太多钱买，他们愿意支付的金额甚至还不够里面电池的成本。

但是当对消费者说这是一个真空吸尘器时，消费者的支付意愿增加了 4～5 倍。科林觉得这个金额比较符合他们的预期。

科林团队于是在机器人上加了个真空吸尘装置，这是在听取消费者意见后紧急追加的功能，对研发来说稍微有些匆忙。

但这个突然的设计变更却成了决定之后扫地机器人的基本结构，也就是分两步收集垃圾。第一步是由机械装置带动转动的毛刷先收集大的垃圾；第二步是，毛刷在快速转动时，它们间的狭小缝隙中的空气流速加快，可以把细小的灰尘吸进装置。

这样一来，机器人在有限空间内配置了有效的吸尘功能，同时也成了世界上最节能的真空吸尘器。正因为研发出这种结构，"Roomba"成为世界上第一个在商业上获得成功的可以自主在地面上行动、由电池驱动的真空吸尘器。单从吸力来看，"Roomba"的动力只有普通交流电源吸尘器的 1/103，却发挥出优秀的吸尘能力，科林自己也觉得这很有趣，并且令人惊讶。

4.7 围绕产品名的攻防

"Roomba"成功的重要原因当然是 iRobot 率先做出了可供后来的扫地机器人参考的机器，并让消费者认识到它的实用性。但是，"Roomba"这个产品名让人有亲切感，容易记住，这点也非常重要。与 iRobot 公司名字一样，"Roomba"这个名字背后也有它独特的故事。

在开发后来被叫作"Roomba"的这个扫地机器人时，iRobot 几乎所有员工都是工程师。

"工程师这类人通常都觉得自己什么都能做"，科林笑着说，"做政府工作时的会计系统也是我写程序做的。我觉得这就是应用点儿数学知识，自己做也没问题。当然，我和数学也有合不来的地方，只有这部分是找别人确认的（笑）"。

同样，科林和同事们确信产品名也可以自己想出来。接着，他们就用工程师的设计思维，经过漫长的过程，选出了一个名字。

名字先是叫"CyberSuc"㊀，接着是"DustPuppy"㊁。

科林在之前的人生中做过各种各样的决策，但选产品名是"之前从未有过的重大决策"。当然，这是科林的玩笑话，但他当场就否决了这两个名字。

"如果我们这些工程师绞尽脑汁也想不出好名字，不如让其他专家来帮忙想。这对于 iRobot 公司是一个转机，所以市场营销是很有必要的。"

科林求助了一家叫作 Thinking 的市场营销公司，向他们表明自己的产品需要取一个合适的名字。对方说："可以，但我们有流程要走，而且我们要采访员工听取意见。"科林虽然同意了，但还是有些怀疑，不知道对方负责人有没有发现他的疑虑。但是接下来的话却令科林难以置信。"嗯，费用是 16 000 美元"，对方说

㊀ 英语中"Suc"原本是"吸入、吸进"的意思，俚语里是"最坏"的意思。
㊁ 英语中"Puppy"指的是小狗，意思是"狂妄自大的小毛孩"。

道。"什么？16 000 美元？这些钱都能把整个机器人造出来了"，科林内心这样想，但接下来的一瞬间他马上提醒自己"不行，还是得拜托他们想产品名"。

不久，营销公司的员工来到 iRobot 公司进行调研，最开始大家提议的产品名为"Brroom"，"Brroom"来自"Broom"（扫帚），这个词是尝试把运动与清洁结合起来的自造词。这个名字虽然不差，但遗憾的是这个机器人并不是像扫帚一样工作，而是像吸尘器一样吸走垃圾和灰尘。科林他们否决了这个名字。

接下来一个提议叫"Roomba"，是舞蹈中的伦巴舞（Rumba）与扫除对象房间（Room）组合在一起的自造词。这次科林他们很满意，决定用这个作为产品名。

有意思的是，产品测试中，没有人会把"Roomba"和机器人联系在一起，大家都没想到这是个机器人。人们听到机器人，脑海中浮现的都是有胳膊和腿的机器人，就像《星际迷航》中的数据指挥官一样。

因此，最初"Roomba"的包装盒上印着"Roomba Auto Vac"（Roomba 自动吸尘器。"Vac"是"Vacuum"的简写）字样。

第 4 章 共创力的深化　115

值得纪念的"Roomba"第一代

但是，后来，媒体开始把"Roomba"称为机器人了。随着时间的推移，大家对于"Roomba"的印象也发生了改变，包装盒上的"Auto Vac"字样也替换成了"Robotic Floor Vac"（机器人地面吸尘器）。

经过这些阶段后，"Roomba"最后的名称是"Vacuuming Robot"（吸尘机器人）或者"Robotic Vacuum"（机器人吸尘器），现在 iRobot 有意去使用这些名称，因为在"Roomba"就是机器人这个事实上，iRobot 占优势。

如果"Roomba"继续叫"自动吸尘器"，其他的公司或者家电厂家可能会声称他们在吸尘器领域经验更丰富。而在机器人领域，没有比 iRobot 更有经验的公司了，所以科林决定利用这一优势。

媒体称"Roomba"为机器人时，科林他们迅速改变包装盒上的宣传名称就是源于这样的考虑。

4.8 开局良好与库存成堆

"Roomba"第一代第一年卖出了七万台。对于一个全新产品的首次亮相，这个销量是非常成功的。

实际上，iRobot董事会批准的"Roomba"第一年的产量只有一万台。科林虽然提出可以卖掉更多，但董事会考虑到安全因素，在产量上没有让步。

博克斯通是一家连锁卖场，是"Roomba"的销售渠道之一，要想在这儿销售产品很不容易，iRobot花了很大力气才拿下这个渠道。"Roomba"在这里售卖的第十天，博克斯通的一位女采购员打电话给科林。电话里她的声音显得很愉快，聊了几句后开始切入正题："我们想追加订购'Roomba'机器人。"

"这简直太棒了！"科林回答说，"你们想要几台？"。采购员说："你们有多少库存？"那语气好像是"有多少库存我们全都要"的意思。

从此开始，"Roomba"的需求量不断攀升，并且吸引了媒体的关注，电视节目和文章杂志都把"Roomba"

当成报道素材。又正好赶上节假日，需要直接从工厂空运产品进行配货，最后卖出了七万台。

对于这个销量，科林及同事非常兴奋，理所当然的，他们制订了第二年生产 30 万台产品的计划。之后公司又请了新的市场营销负责人，他提出要为"Roomba"投放电视广告。但是，事与愿违，打个比方说，那个广告就像工程师专为工程师制作的一样，并没有在机器人潜在用户，也就是消费者中产生反响。

即便经过当时的年末商业大促，相当于黑色星期五（11 月第四个周五）和现在的网络星期一（黑色星期五过后的周一），"Roomba"也只卖出了五千多台，全年销量只有五万台。当时，对于 iRobot 这样的小公司，有 25 万台的库存是很糟糕的情况，但他们似乎也没有解决办法。

4.9　百事可乐广告成为救世主

然而，奇迹发生了。百事可乐的广告中出现了一个类似"Roomba"的扫地机器人，广告故事很诙谐，一名喝可乐的男性正在自娱自乐，扫地机器人吸掉了他的裤子，这名男性的扮演者是美国著名演员大卫·查普尔。

大家都想知道这个吸尘器到底是什么,"Roomba"再次引起关注。科林他们分析了这个广告吸引人的原因,这个扫地机器人在广告中被刻画得非常有趣,很有吸引力。因此,科林他们决定加入这些元素,接着打磨广告。

那些从博克斯通购买了"Roomba"的人都对这种新型机器人真空吸尘器感到兴奋,并愉快地谈论着"Roomba"。然而,当大家突然意识到自己对一个真空吸尘器很兴奋时,又会很不好意思。

所以在新广告中加入了用户对"Roomba"真实感受中的关键点。广告围绕一对购买了"Roomba"的夫妇之间的对话展开,买了这个小小的圆盘样的东西后,按一下按钮,它就能为你打扫房间,对话中会表达对此的感激之情。最后的点睛之笔是男性会发一下牢骚,说:"这个东西比我聪明啊!"

这个以人的真实感受为基础的广告播放后,"Roomba"的人气再次高涨。在这样的背景下,iRobot 决定进军日本市场。

第 5 章

共创力的**跃进**

进军日本的失败与成功

——接受世界上最严格市场的考验

5.1 领导与公司共同成长

有一句话叫"变化就是成长"。社会本身无时无刻不在变革,那么"不变就是最大的风险"。

iRobot 公司因为"Roomba"扫地机器人开始走上面向消费者的道路,它的带头人科林·安格尔也跨越重重困难,从一名单纯的工程师转变为企业经营者,从在技术与产品开发一线直接参与产品制作,转变为带领整个集团生产出对人类及社会有益的机器人。

有些工程师一辈子都倡导一线主义,拒绝管理职位,科林内心有没有这样的矛盾呢?

"我的人生是从小时候的一些手工制作,以及对于制作出一个综合性系统的兴趣开始的,这点没错。之后,遇到极限飞盘游戏,我才开始组织团队,对于领导力的热情也由此萌芽,这个之前也提到过。"

科林继续说道:"公司创立 30 年,我一直担任 CEO,这期间,我对于产品制作的兴趣转变为对组织团队的热爱。但是这两者本质是一样的,因为比起自己一个人费尽力气做一样东西,一个团队做出的东西往往会更好。带领公司不断成长,实现更大的梦想,我从中也能感受到个人的魅力。"

接着，他开始谈到自己能担任 30 年 CEO 的秘诀。

"实际上，我 CEO 的工作每六个月就会有变化，而且常常是非常大的变化。30 年间，大家有各种各样的分歧，需要做出各种选择，比如是放弃当时正在做的喜欢的事，去尝试之前从没想过的工作，还是继续做喜欢的事，不去管别的工作。但是，我很有信心，自己是要和大家共同迈进新阶段的领导，不能后退。我的决策标准通常是自己能不能为 iRobot 做出贡献。"

科林作为一名工程师非常擅长 3D 设计。但公司聘请了掌握更高 3D 设计技术的员工后，科林觉得自己的技术已经不能再给公司带来更大的价值，那么自己就应该把设计工作让给别人。同样地，科林的人生目标如果停留在做出有趣的机器人上，他会选择做工程师部门的负责人，而不是成为公司 CEO。

科林作为 CEO 为社会所做的贡献在不同时期也不尽相同，如果世界形势发生变化，外部压力也会导致工作的变化。比如说，从 2018 年开始，美国与中国贸易摩擦不断加剧，这对科林的工作也有影响。

"这个问题刚发生时，我完全不知道如何应对关税提高和其他政策带来的问题，所以我就去华盛顿花时间努力收集信息。同样，学生时期没有直接获取供应链、客服和市场营销相关知识的机会，现在我必须自己埋头向前，去学习这些知识。我自己如果没办法应付这些，可能也就不是这个团队最合适的指挥者了。"

在 iRobot 的成长过程中，甚至直到现在，科林也不认为自己是因为了解公司的一切才坐上 CEO 的位置的。科林认为，每天都做出正确的决策，领导 iRobot 创造出更卓越的价值，才是真正意义上的了解公司。

如果觉得自己没法做到这点，或者更坦率地讲，董事会觉得他不能胜任的话，这时候保持清醒，换掉 CEO 就好了。

虽然科林这样说，他还是在勤恳地实现着 iRobot 的梦想和使命，并且确信之后还有很长一段路要走。

科林时刻提醒自己，哪怕有一天自己有 iRobot 公司 51% 的股份，如果自己因此改变了看待这个角色的态度，也是非常错误的。坐在这个位子，一定要凭真本事。

5.2 最困难的决策是什么

坦然面对 CEO 工作的科林认为自己做的最困难的

决策通常是"哪个项目需要终止"。

每个项目的发起人都会说这个项目有很多亮点。但是，即便想法很好，有时候时机和背景也并不合适。

对 iRobot 来说，剥离掉安防业务，专注于消费者业务是一个非常困难的决定。但科林明白，如果不做取舍，对两项业务都不利，所以，他做这个决定时没有犹豫。

iRobot 这个名字来源于远程机器人概念，这个想法本身很好，它试图让用户与机器人同时出现在两个地方变为现实。但是，科林有好几次不得不中断这样的研发项目。

例如，装有网络摄像头的"Roomba"等各种各样的想法都进展到了做样机的阶段，科林办公室的墙上贴满了这些样机的图片，但实际上实现量产的机器人很少。因为科林对照当时公司的规划，认为这些想法并不是公司当时的重点方向，所以命令终止研发。

这些机器人都有各自的用途。只是，重要的是看清楚什么时候需要这些用途。而且，实际投入市场后可能会有当时意想不到的用途，这点也要充分考虑。

5.3 从未来倒推现在需要做什么

科林根据公司未来的发展方向来决定现在需要专注做什么,这具体是一个怎样的过程呢?

"我会想未来的我如果回到现在会做什么。比如,当下这一瞬间如果回到这个白板前,我会做些什么。这样一来,我就会知道现在要做的事以及优先顺序。"

比如说,现在科林的关注点是在充分确保销售额和利润的基础上,投资一些有助于理解"家"这一概念的项目。这里"家"的概念后面也会出现,它是一个包含居住的场所或房屋、家庭、个人住宅等意思在内的综合性概念。科林觉得只有让机器人更好地理解"家"这一概念,他们才能在此基础上进一步优化机器人产品。

换句话说,只有机器人对"家"有充分的理解后,它才能知道家里的物品都在哪儿。这样,科林他们就可以给机器人安装胳膊或添加除了清扫地板以外的功能。

科林相信,随着社会人口老龄化的加速,机器人将在老年人的独立生活中扮演不可或缺的角色。"Roomba"是一个非常好的开端。但是显然,今后的老年人如果对于理想生活有更高的要求，"Roomba"目前的功能还远远不够。

如果把开发更多功能的过程比作一趟旅程，现在只是起步阶段。科林觉得再过 20 年自己可能就退休了。在此之前，要尽可能地实现自己对于"家"的构想，这个目标将内化为自己的生活态度。

5.4 努力把"Roomba"做得更好

科林通常会站在未来的视角审视现在应该做什么，在"Roomba"进入正轨后，他思考了两件事，一是提高机器人的品质和性能，二是进军国际市场。

首先，大家可能觉得提高品质和性能是理所应当的事。无论是哪种工业产品，都会有生产水平差异，这会导致产品中混入残次品或产生故障，尤其当它们是大规模生产的消费品时，制造一个样机和实现量产需要不同的品控技术。

如今，众筹非常流行，许多企业想依靠这种方式将自家产品投放到市场中，但它们往往会遇到由样机到量产过程中的巨大壁垒。

但是，科林非常有责任感，他并不认为这个问题没有解决办法。即便顾客对产品有一点点的失望，科林觉得这与其说是公司的问题，不如说是个人的失败。

科林对产品的态度源于他本身是一名机器人工程师。他在组装机器人时倾注了自己的心血。同样地，他知道 iRobot 整个团队都在怀揣着自豪感工作。这就是为什么机器人出问题时他会深感痛心。

在工厂中防止错误安装机器人零部件是一个很大的挑战。尤其是扫地机器人与其他家电相比还是一个未知的领域，结构更加复杂。机器人内置的软件也很复杂，程序出错的可能性也不小。

现在的软件可以经由互联网更新，这是重大的进步，早期的软件更新也是一件麻烦事。但是，现在的硬件仍然需要人工修理或更换，一旦有什么问题，生产厂家的负担也很重。

比如，"Roomba"早期版本，Roomba Pro Elite 就发生过类似情况。有用户抱怨如果把机器人充满电后搁置不管，它反而会向外放电。经调查发现是某个二极管（具有整流功能的半导体器件）出了问题，于是公司马上采取了应对措施。但是，这个问题直到实际发货后，在用户家里使用时才被发现，这是因为 iRobot 的员工不会在产品充满电后还连接着电源。

"Roomba Pro Elite"机器人，它可以只打扫房间部分区域

也就是说，产品设计人员的测试流程与实际用法不同。这时，科林发现专业的测试工程师与产品设计工程师进行的产品测试完全不同。

产品设计工程师对自己设计的产品引以为傲。因此，如果由他们进行产品测试，标准就会有所降低，无论测试什么，他们都会回答"这是可行的"。

"Roomba"刚开始发售时，iRobot没有专业的测试工程师，所以他们通常都在产品发布之后才发现问题。发现问题后，iRobot员工就会找到对应的用户，送上新的零部件，教会用户如何解决产品问题。科林和同事们一直带着这种热情和对工作的热爱应对问题。

机器人会发生故障在某种意义上也证明了这是一款现实中的产品，与好莱坞电影中出现的机器人不同，它能真正给人们的生活带来便利和乐趣。也正因为如此，如果机器人不能顺利运转，科林从心底会有一种挫败感。

科林注意到测试工程师的重要性后，开始雇用专业人才，最大限度地降低发货后出问题的概率。这些工程师每天起床后就会自言自语道："今天做一个'折磨''Roomba'的装置吧。"科林说："你如果去iRobot的测试实验室，会发现测试工程师以'折磨'机器人为乐，看起来就像坏人（笑）。"现在测试有多么严格也不难想象。

5.5 销售"Roomba"带来的喜悦

虽然最初的问题给科林带来烦恼，但是"Roomba"的发布和成功也给他带来了巨大的喜悦。接到博克斯通采购员追加订单电话的那天，正好是科林第一次在杂志上看到"Roomba"相关报道的日子。除此之外，他还看到街边商店陈列着"Roomba"产品。

科林还有机会可以在年轻创业人员面前讲述自己研

发"Roomba"的心路历程，演讲结束后，大家纷纷讲述自己的创业内容，并谈到 iRobot 的存在对自身创业的激励。科林再次回顾自己的创业经历，体会带着乐观主义和使命感设定的目标是如何强大且有意义。

科林说工作完成得出色就有可能成功，而且他创业并不是为了钱，只是想为人类和社会进步研发机器人，自己的经历可能会激励有相同使命感的创业人士。

实际上，从 iRobot 走出了很多创业者，他们创立的企业不下 20 家。这些人去追寻自己的梦想，科林对此感到非常自豪。这些人均表示在 iRobot 时期，他们从科林及同事身上学到很多，包括如何做到使命和愿景与经济利益现实的平衡，以及如何塑造企业文化。

科林说："也就是说，我们不只研发出了很酷的机器人产品，还培养出了能独立研发这些产品的人。我觉得这点是很重要的。"

创业的 20 多个人每个都能成功，世上并没有这么容易的事。这里面有成功的，也有失败的，有些人离开了这个行业，也有人回到了 iRobot，没错，又回来了。公司现在的 CTO，也就是首席技术官就是其中一员，这其中还有员工离开公司又回来反反复复四五次的。

"对于从 iRobot 辞职自己创业的员工,无论他对公司多么重要,我都会心怀感激地祝福他、支持他。这是我个人的原则。一方面,他们想要开始新的旅程,挫败这种锐气、剥夺这份热情不是我的性格;另一方面,并不是谁都想当 CEO,也有人只想做一名员工,在有创造和革新氛围的公司中工作。iRobot 就是这样的公司,无论是实验室还是装配和加工车间都充满着这样的企业文化。在这个世界上,能够像这样,把自己的想法原封不动变为现实的地方,即便有也很少。"

5.6 挑战世界上最严格的日本市场

科林在应对早期品质管理问题的同时还在着手进军日本市场。日本市场对于新科技产品热情高涨,同时,对于品质和功能的要求也更加严格。也就是说,这个市场既有扩大销路的潜力,也有巨大的挑战,尤其对于像 iRobot 公司这种在消费者市场资历较浅的企业来说,这种挑战是一个巨大的障碍。

科林这样描述他第一次考察日本市场时的震惊:"他们对品质的期待之高恐怕是世界第一。想要抓住这个市场,单单是对品质重要性的理解,对我们就是一个巨大的文化挑战。比如说，产品涂漆面有一点染色不均，他们就不会买；外包装有瑕疵，他们也会敬而远之；仅仅是配送用的包装箱有凹陷也是问题。所以，我们在日本发货都会在配送用的外包装箱外再包装一层。"

科林觉得多亏了日本市场，iRobot才能做到今天的样子。

"Sales On Demand公司（Sales On Demand Company Limited，简称SODC）是iRobot在日本的合作伙伴，它的领导者木幡民夫先生和我一样对机器人有很大热情。SODC主营的iRobot产品销售业务是现在iRobot日本市场的基础。"

科林来自工程领域，木幡先生则精通市场开拓和营销。木幡先生坚信"Roomba"会取得巨大成功，并在市场营销和培育"Roomba"在日本的市场需求方面投入了大量资金。据说投资金额比以前增加了五倍。也多亏了木幡先生的努力，日本在相当长的一段时间内成为iRobot在"Roomba"业务上唯一盈利的市场。

由于在日本的商业模式下"Roomba"的定价合理，产品认可度也获得提升，"iRobot和我在日本可能比在美国有名（笑），这多亏了木幡先生。"科林说。在日本进行的对品牌和产品的投资使 iRobot 迅速成长,科林作为经营者也再一次从中学习到正确的商业模式以及产品品质的重要性。

"Roomba"在日本市场的成功在今后的很多年都是 iRobot 公司市场营销的典范,只要能让日本消费者满意,其他国家的消费者也会满意。

5.7 大成功前的大失败

与 SODC 合作使 iRobot 在日本市场取得成功,科林之所以对此感触很深,背后有深层次的原因。实际上,在此之前,"Roomba"曾尝试过进军日本市场,但最后以失败告终。

第一代"Roomba"产品在美国售卖,第一年就卖出了七万台,这个时候,科林他们认为自己已经了解了产品该如何营销。当时,他们接到从世界各地打来的电话,想要成为 iRobot 的合作伙伴。

但是,当时负责接听电话的实习生可能弄错了什么,觉得自己的工作就应该态度强硬些,所以实习生每次都回绝了这些问询。当然,科林后来对实习生进行了指导,告诉他怎么正确应对这些合作意向,后来对

"Roomba"感兴趣的企业中就有日本玩具生产商——多美玩具。

前面提到过，因为和孩之宝的合作，iRobot开始对玩具行业产生兴趣。iRobot还一度讨论与多美玩具合作开发机器狗。但是，由于中途专注于研发"Roomba"，科林终止了机器狗的项目。

多美玩具对此感到非常遗憾，最后他们放弃了机器狗项目，希望能做"Roomba"在日本的分销工作。当时对日本市场的严格性还不了解的科林接受了这个合作请求，第一代"Roomba"开始在日本售卖。

这期间，多美玩具有一个提议，"Roomba"机器人的外壳原本是银色的，他们提议将日本款的颜色改为橙色。多美玩具认为"Roomba"虽然是扫地机器人，但毕竟是玩具厂商在做销售工作，产品颜色应该更加生动活泼。

科林同意了改变颜色的提议，从与多美玩具签订买卖合同的多美股份开始，在日本售出的"Roomba"产品都采用橙色。然而销售工作刚开始，麻烦就随之而来。橙色树脂比之前的银色树脂透明度高，外部的光很容易透到里面，所以机器人的红外线传感器很容易发生误操作。再加上当时iRobot的品质管理体系还不完善，总而言之就是"Roomba"产品本身还没有做好进军日本市场的准备。

这致使科林决意退出日本市场，经过一年的沉淀后，他决定与SODC合作再次尝试打入日本市场。科林认为，日本市场虽然对产品要求严格，但由于动画片的传播作用，机器人已经成了他们文化的一部分，而且日本重视环境整洁，扫地机器人潜在的需求很大。

iRobot非常幸运的是遇到了木幡先生。无论在哪个国家，新产品还是热卖产品，都会有一些平行进口商不经过代理，独立进行产品进口和销售。当时木幡先生的公司就是这样的商家。

一般来说，在有正规代理商和直营店的国家，这种产品没有保证且没有保修服务的销售模式属于灰色地带。但是，iRobot产品撤出日本后，没有了正规的销售渠道，这不但没成为问题，相反，科林注意到木幡先生的公司非常了解"Roomba"，并且卖出了很多。

恰好这个时候科林收到了木幡先生的来信，科林认可了木幡先生对于"Roomba"进军日本市场的营销策略。以此为契机，科林与刚刚由木幡先生担任领导的SODC签订了合同，SODC公司成为科林正式的合作伙伴，获以"Roomba"在日本的销售业务。

5.8 优秀的客服源于快速应对问题

科林承认他犯过各种错误，就像日本市场上发生的那些插曲一样。日本的文化倾向于不失败才是美德，在教育界，小孩子也以出错为耻，总是想追求正确答案。但是，实际上，大多数情况下失败和出错后才能更快找到正确答案，而且能发现新的解决方法。

欧美的教育界并没有觉得出错就不好，所以，这个社会形成了一个非常好的氛围，不管是在学校还是走向社会后，大家都不害怕出错，会积极发表各种各样的意见。科林承认自身的失败，他作为创业者和经营者，正是从失败中学到很多东西，才使得 iRobot 和"Roomba"不断进步。

比如说，第一代"Roomba"销量超出预期时，科林就遇到一个创业者都可能遇到的陷阱。第一代"Roomba"除了在实体店博克斯通售卖，还会在 iRobot 官网售卖。

iRobot 第一次面向大众消费者销售产品，实体销售网络还未建立，加上美国的邮购业务很早之前就已经蓬勃发展，在自己的线上商店销售产品就变得很自然。线上商店发售首日就有 200 台订单。

但毕竟刚开始，这个销售量是多还是少，科林自己也不清楚。所以，他给孩之宝的朋友打电话询问："史蒂夫，'Roomba'开售了，第一天卖出了 200 台，这个销量怎么样？"

史蒂夫回答："这个量很好啊！但是，你考虑过接下来会发生什么吗？"科林一边回答"没有"，一边想接下来的事，然后他立刻关闭了官网商店。

显然，iRobot 之前并没有面向个人大量出售产品的经验，所以他们还没有做好配送这些货物的准备，而且订单详情和送货地址还是手写，连专门处理订单的电脑都没准备。

此外，机器人硬件方面最大的问题是产品能用多长时间以及电池寿命是多久。当然，科林他们尽全力想把"Roomba"制成最完美的产品，为此，他们参考了欧洲吸尘器品牌中好评最多的伊莱克斯。经过调查，他们发现伊莱克斯的产品耐用时间为 150 多个小时，所以第一代"Roomba"也按照这个标准设计。

但是，科林他们忽略了很重要的一点，既有的吸尘器与扫地机器人的使用方式不同。一般的吸尘器一周最多用 30 分钟，产品寿命是 150 小时的话，可以用将近六年时间。

而"Roomba"呢？如果一天用一小时，每天都使用的话，即便寿命有 150 小时，不到六个月就会坏。"这个问题让人非常难受、悲伤"，科林说道。

但是，即便是在这样艰难的时刻，科林依然竭尽诚意。如果有人打电话说"Roomba"坏了，科林二话不说就会给他们换新的。这种免费更换新机的服务持续了两年时间，一直到第二代"Roomba"发售，许多用户更换过五台第一代机型。

这个政策反而使 iRobot 获得好评，科林由此得到一个教训，能够提供优秀客户服务的企业从遇到问题的客户那里收获的忠诚度，比从没遇到问题的客户那里收获的忠诚度更高。因为前者即便遇到问题，也会相信企业能提供良好的解决方案。

所以说，比起那些只是知道这个企业的客户，遇到过问题的客户更容易对这个企业产生亲近感，而企业作为生产厂商才能维持自己品牌形象，而不至于被吐槽。所以，下一代产品出来时，客户会觉得产品背后有公司做后盾，可以继续放心购买。

5.9 日本市场的要求

日本市场除了产品质量，也会要求有出色的包装和考究的设计，通常他们也非常重视灰尘的清洁效率。SODC 的产品测试比 iRobot 自己更严格，他们还向科林建议在产品开发时也要关注清除螨虫和致敏物质的性能。

iRobot 在第二代产品"Roomba·Discovery"上增加了一些更先进的机器人技术，比如绘图功能、可以设定活动范围的虚拟墙功能以及自动回充的功能。对此，SODC 认为这些功能虽然很好，但最重要的是提高机器人清扫性能。比如说，地面如果有绳子之类的障碍物，机器人如何能不受影响。

可以探测出房间大小并自行充电的机器人"Roomba·Discovery"

这样,"Roomba"发售后大约五年的时间,日本客户和SODC公司的反馈充当了iRobot公司测试工程师的角色,详细地指出了哪里功能正常,哪里不正常,不正常的问题出在哪里。

对于坏了的产品,日本和美国的处理方式不同。在美国,更换新品时首先要把坏了的零部件送回来,很多时候,这些部件都会被当作废弃品。

但是,在日本,如果"Roomba"坏了,木幡先生会先派员工到客户那里,把坏了的部件拿回来拆解,找出问题出在哪里。接着,员工会给总公司打电话,从该部件的功能到可能造成问题的原因,进行刨根问底式的询问。或者,SODC的员工会指出问题的根本原因,比如宠物的毛发进入了变速箱,希望总公司改进。

iRobot与SODC的伙伴关系已经非常牢固,超越了单纯的生产商与代理商的关系,他们齐心协力要把"Roomba"产品做得更好,这正是所谓的共创精神。

其中,最让科林吃惊的是,SODC在很多年前就提出最好将"Roomba"与智能手机连接。科林他们当时都还没有考虑到这一点。

在此之前，iRobot 花了很长时间去改善"Roomba"的吸力、耐用性和清扫效率。但自从 SODC 提出互联机器人这个概念后，iRobot 就开始着手这方面的研发，努力将其变为现实。

关于日本与美国之间的不同，科林分析说："日本客户注重细节，希望探查事物的原理，追求完美，这是文化上的优势。美国品牌虽然重视创新性，但只是在满足质量标准范围内的创新。之前，我参观 SODC，他们一定会先给我一个茶色纸袋，里边装着坏了的'Roomba'产品，我会大喊'哦，不要！'（笑）。然后会议才会开始。"

5.10 今后对日本市场的期待

如今，日本是"Roomba"第二大市场，仅次于美国。但是科林觉得这个普及率还有很大的提升空间。"我认为 iRobot 在生产面向消费者的机器人方面才刚刚起步，日本消费者在"Roomba"发售后就接受了这项技术，并且是产品非常重要的用户。所以，如果未来投入新的产品和服务，我相信'Roomba'和接下来的机器人产品就还有很多提高普及率的机会。"

喷水后擦拭地板的机器人"Braava jet m6"

比如,"Roomba"的伙伴——擦地机器人"Braava"在日本市场的接受度也很高。但是,科林仍然认为这款产品还有很多可以改善的地方。

具体来说,"Roomba"不论在什么样的地板都可以吸尘,但"Braava"专攻擦地作业,有干扫、湿抹、湿擦等不同模式。不同的地板材质(木地板、瓷砖、榻榻米)在水量和擦拭方式上需要有细微变化,有的地板还铺了地毯,不适合用擦地方式清扫。

日本房屋很多时候是各种地板材质混合使用,理想状态是机器人能自动识别地板材质。然而,目前用户还是需要给"Braava"手动放置不同的清洁垫,并固定它的清洁范围,这之后"Braava"可以根据配备清洁垫的种类不同判断是用湿擦还是干擦，自动变更模式。但科林一直在摸索更加智能化的，能尽可能为用户节省时间的机器人产品。

搭载更智能的绘图功能，能记住家里户型，可以实现"Roomba"与"Braava"协作互联的产品也已经发布。这个旅程才刚刚开始，但随着时间的推移，通过互联网进行的功能升级会使产品更加智能，"Roomba"和"Braava"将会获得与以往不同的提升。

这可以称为 iRobot 2.0 版本，第六章会详细讲到。

第 6 章 共创力的**未来**

iRobot 2.0 以及社会贡献

——迎接机器人与人类共同创造的世界

6.1 构筑真正智能化的机器人环境

近些年，AI 和自动化技术成为世界范围内的热门话题。与互联网连接的各种设备正在形成物联网趋势，并且让工厂和家庭更加智能化，换句话说，这是某种意义上的一场智能化运动。

特别是在物联网技术下，家务实现了自动化，照明设备、空调等也可以构建起一种让人舒适的家居环境，这样的家居环境被称为智能家居，家电厂家和电力公司花力气推广这一概念，想必大家都听说过。

但是，科林觉得现在所谓的智能家居其实还完全称不上智能。表面看这些设备很精巧，但实际并不能感受到其中的智能性。

前面的章节也提到过，iRobot 现在的投资都是为了更好地理解"家"这一概念。深入追问他们的目的，科林做了如下解释。

"现在的智能家居确实吸引了很多关注，但还很难说这个概念已经被接受，或者说产生了实用价值。因为这其中没有真正的智能化。这并不是因为没有真正的 AI 技术，或者现阶段的 AI 技术还不够成熟，而是因为以前，房子本身不被认为可以利用这些技术为住户提供舒适宜居的环境。在这种情况下，要对家居进行设计和改造需要定制编程，但用户一般不会这么做。"

的确，目前，在利用物联网设备构筑智能家居的大环境下，要想实现预想的功能，就需要进行一些广义上的程序编写，例如进行精细的设置、选择合适的 App 等。梦想让自己的家更加智能化，从而购入很多物联网设备，但最后因为不会设置而放弃的人也很常见。

面对这些情况，科林希望 iRobot 能从一个开发、制造、销售"Roomba"这种小型机器人的公司成长为可以解决"理解家的概念"这一根本问题的企业。正因为如此，iRobot 生产的以"Roomba"为代表的产品功能会更加完善，家本身也将变得更加舒适。如果 iRobot 将来制造装有手臂的机器人，对家的理解能为他们将来制定研发指南积累必要的知识。

当然，科林也不认为这些目标一朝一夕就能实现。今后，从理解"家"这一物理环境，在家居中实现一些物理功能，到机器人不仅仅能清扫地板，还能提供各种各样的服务，科林认为这中间还有很长的路要走，可能会花费几年甚至十年以上的时间。但是，那时候机器人提供的服务将不仅帮助人们独立生活，还会让大家充分享受到机器人的一些有意义的功能所带来的好处。

6.2　房子将演变成无形的机器人

到那时候，人类和机器人如何交流呢？第一代"Roomba"机器人有三个按钮，根据需要清扫房间的大小来选择按钮进行清扫。最新一代"Roomba"可以用智能手机控制清扫任务，即便要手动操作，也只需要按一个按钮，机器人就能根据房间大小自动清扫。或者，用户只需唤醒"Amazon Echo"或"Google Home"智能音箱并对着它说："请用'Roomba'打扫房间"，打扫就开始了。

使用声音与电子设备交流的做法叫作语音控制，科林觉得这种语音交互今后会越来越重要。"因为与机器人最自然的交互方式就是使用语音。就像招呼小孩子收拾房间一样，我们对着家说变干净些就可以了。手机在未来的作用是有限的。"

那么，未来会有哪些变化呢？

"我觉得家本身最终会变成机器人，或者说至少会作为一种系统发挥功能。它很智能化，它的任务是照顾和保护在里面生活的人。"

科林觉得,自己在坚持实现目标的旅途中制造了各种各样的机器人,现在还研发出"Roomba"这样被消费者接受的产品,因此,他对机器人的期望也在提高,比如机器人能做什么,如何制造一个伟大的机器人。

之前,科林一边开发机器人一边思考,他的目标是机器人可以实现自动化,人看不到它,但它可以自主工作。如果你买了一台漂亮的扫地机器人,你就可以把日常要做的扫地任务从清单上划掉,科林觉得如果能做出这样的产品来就好了。

但是,科林的想法在中途变了。光自动工作还不够,自动化和智能化不同,用户把眼睛闭起来,把耳朵堵住,机器人也能完成该做的工作,这就是真正意义上的创新吗?不是的,机器人应该成为人类非常好的伙伴。

这样,人和机器人的关系会更加深入,共同创造出一个更加舒适、良好的生活环境。

"比如说,让'Roomba'每天在固定的时间打扫卫生,这样的安排也并不是完美的。实际上75%的清扫预约会被各种各样的事打断。听不清电视的声音时会关掉'Roomba';打电话时会关掉;用户的日程安排出现变化,导致用户在家里的时间也出现变化，发生这种情况时打扫也要中断。还有一种情况是厨房的地板脏了，需要马上打扫。会有各种各样的状况出现，生活要比想象中复杂。"

科林注意到了这点，他知道"要制造出在人看不到的时候也能打扫房间的机器人，这不是一个目标，而是研发产品的基础"。

6.3 以让 iRobot 的产品成为家庭生态系统的核心为目标

所以说，机器人单单知道自己该做什么还不够，它必须知道在什么时间、什么地点做这些事。能够自动判断这些情况后，"Roomba"就不仅仅是一台机器人，而是不给用户添麻烦、可以打扫卫生的伙伴，这样才能给用户带来像魔法一样的体验。

随着"Roomba"功能的加强，这些体验会更加明显。以前所有的产品都需要用户清空机器人的集尘盒里的垃圾，还需要定期清理刷子上缠绕的头发和宠物毛发。从用户体验来说，使用以前那些老型号的产品，需要把"Roomba"收集的垃圾倒掉，再放回原位花费的功夫，和"Roomba"因为电线缠绕停止工作，用户需要把它拿起来弄好花费的功夫是一样的。

但是,最新的更高级的机器人可以做到通过自动集尘充电座自动倒垃圾,用橡胶制成的双效组合胶刷也避免了毛发缠绕,即使被电线卡住,刷头也可以通过反向旋转把电线吐出来。自动集尘充电座指的是"Roomba i7+"和"Roomba s9+"型号的扫地机器人中附带的装有大容量灰尘收集容器的充电装置,它可以自动将收集的垃圾吸出来,倒垃圾的频率可以降低到几个月一次。经过改良,"Roomba"从之前非常麻烦的两天倒一次垃圾,进步到数月时间什么都不操作,它也能工作。

"Roomba s9+"的自动集尘充电座示意图

这样，"Roomba"更像是宠物一样的伙伴，如果不工作了，它看起来就像是死了一样。比如说，之前人们看到"Roomba"卡住了，或者看电视的时候把它关掉时，人们不会有任何情绪上的反应。但是现在，如果出现同样的情况，你会觉得它像宠物生病了一样蹲在旁边，好像你伤害了它一样。

为了不让用户有这些想法，"Roomba"必须更准确地掌握周围的情况，倾听周围发生的事情，不会因为障碍物而停止工作，不在干扰他人的时候开始清扫工作。这是关系到机器人未来的重要改变，也是iRobot花力气进行技术研发以让机器人掌握家里可能发生各种情况的原因。

开发这些技术就是要找出许多问题的答案，比如这是什么房间，什么是桌子，什么是椅子，当有人打电话或看电视时，机器人怎样才能不打扰他们，只有在周围没有人的情况下才开始清洁工作，判断这些情况的标准是什么。科林的目标是将iRobot的产品与更多设备连接，使之成为家庭生态系统的核心。

6.4 从智能家居（Smart Home）到 MESH Home

科林创立 iRobot，开发对人和社会有帮助的机器人，从根本上是因为相信"科技应该是服务人类和周围环境的"。

人类面临着大大小小各种挑战，这些挑战是正面的。维护家庭内部环境，让老年人独立生活都是挑战的一部分。

从这个层面来讲，科林认为在"家"的管理、维护家庭内部环境方面，人们应该有更多期待。"家"如果"明白"它该有的状态，就会成为更加安全的场所，能源的利用效率也会更高。进一步讲，周围环境得到控制，人们的生活也会更健康，家庭成员也会在这个环境中获得滋养。

"人们谈到智能家居，大多时候不会深入思考它的实际含义，只觉得照明、室温可以自动调节就很方便了。我为了消除大家观念中'方便就是智能'的误解，思考出了'MESH'这个词。MESH 意思是维护（Maintain）、高效（Efficient）、安全（Secure）、健康（Health）。"

为了说明智能家居这个词的模糊性，科林举了个例子，你可以问一个家里装有 20 多个智能设备的人："你的家智能吗？"

一般对方都会说不智能，科林解释说，"因为这个人并不知道什么是智能"。但是，你如果换个问法："你希望自己家成为一个环境有序，可以节约能源和开支的安全、令人安心、健康的地方吗？"相信得到的回答就会变成："是的，我很愿意为这样的改变买单。"

所以，理解"家"对于构筑 MESH HOME 的体系有重大意义。科林想要带着使命感挑战这个目标。

6.5 "Roomba s9+"，下一代扫地机器人的原型

有着宏伟愿景的科林将"Roomba s9+"扫地机器人和"Braava jet m6"拖地机器人称为过去 30 年 iRobot 机器人研发历史上集大成的产品。

这两款产品配备有先进的绘图功能，能够记住自己曾经到过的位置，直接去需要清扫的地点，并自动充电，"Roomba s9+"还可以自动清空垃圾。此外，两款产品还增加了协作功能，"Roomba s9+"完成吸尘后，"Braava jet m6"可以接着擦地板。省去了直接用手操作的环节意味着科林和 iRobot 其中一个目标实现了。

第 6 章 共创力的未来　　153

"Roomba"系列最高端机型"Roomba s9+"

另外还有割草机器人"Terra"（未在日本发售），这三款产品都采用了最前沿的设计，产品外壳上部中间位置设计有一个金属圆盘，上面有 iRobot 公司的 Logo，让人一眼就能看出这是 iRobot 生产的产品，这些是 iRobot 的新一代设计。

可以对庭院草坪进行自动修剪的机器人"Terra"

特别是"Roomba s9+",产品外形第一次采用D形,并没有沿袭从第一代产品就采用的圆形样式。之前双效组合胶刷装在了两个轮子之间,位于机身底部中间位置,现在移到了机身底部最前端,双效组合胶刷的宽度也增加了30%,并且在右前端新设计了边刷,这样房间角落也能清扫得非常彻底。

同时,iRobot采用了被称为"Perfect Edge"的技术,这是一项重大进步。高性能传感器能准确判定墙壁位置,使机器人切实做到紧贴墙壁边缘清扫房间,它不是只会向前走,遇到转角位置时,机器人会在转弯后增加后退的动作,确保清扫时在转角处没有遗漏的地方,就好像有意识的生物一样。

科林说,有些员工参与"Roomba s9+"项目设计很多年,陪伴产品的时间甚至超过了自己两岁的孩子,他们看待产品就像看待自己的孩子一样。

这款产品不仅在"Roomba"整个系列中是最高端的机型,在用料和配色上也精挑细选。高贵的磨砂黑机身搭配金棕色圆盘,给人浓重的科技感。表面微微凸起的旋涡状花纹给整个产品增加了力量感。

不只是性能和外观,这款产品对操作手感也进行了细致的调节，实际用起来，大部分操作都几乎无须用力触碰机器来完成，比如收集灰尘的垃圾箱盖子，用心程度让人想到高级车的车门，用很小的力量就能关得很严实。

机器吸尘时难免会发出声音，iRobot优化和调整了机器的噪声，设置强力和静音两种模式，尽量不打扰到用户。

同时，"Roomba s9+"可以通过互联网更新软件，用户买入产品后也能享受到iRobot公司最新研发出的技术，这是科林设想的打造智能家居生态的第一步。

"Roomba s9+"在美国发布时，出席发布会的科林称它为"性能怪兽"（意思是怪兽机器）。

"和已经普及的600系列相比，'Roomba s9+'拥有40倍的吸力，可以过滤99%的花粉和霉菌等致敏物。更加智能的绘图功能和高性能传感器保证了机器人可以打扫拐角处和房间角落，很像是一头猛兽。"

在媒体测试中，"Roomba s9+"也发挥出出众的性能，主办方称其为"史上最好的扫地机器人"。就像第一代"Roomba"是之后所有扫地机器人的原型一样，"Roomba s9+"也会给消费者留下深刻印象，成为下一代扫地机器人的原型。

6.6　App 更新——面向未来的第一步

iRobot 在提升"Roomba s9+"硬件性能的同时，还为已有的产品增加新的功能，下功夫更新 App，使机器更加智能化。2020 年夏天大幅度的软件更新使"Roomba"和"Braava"在家居中的角色定位发生根本上的变化，使它们从扫地"帮手"变成了用户生活中的"伙伴"。

机器人作为"帮手"，只要实现一定程度上的自动化就可以了；而作为"伙伴"，机器人不仅要满足用户任何的任务要求，还要理解用户的需求和意图，提出关于清扫地点和时间的方案，提升自身的价值和给用户的使用感受。"伙伴"角色与"帮手"角色有很大不同。这样，用户不仅减少了体力付出，精神上的负担也减轻了。

比如说，用户可以用智能音箱或者 App 发布指令，"Roomba，打扫餐桌下面"，机器人就可以高效地打扫指定的区域，兼容机型还能基于图像识别技术，识别房间内放置的冰箱、书架等物体，使清扫工作变得更加智能。这些功能得以实现，靠的是定制化用户清扫体验的技术和 iRobot 超过 98 万联网用户的资源。

此外，机器人可以连接智能锁，在家人外出时开始清扫工作；家里如果新增需要打扫的区域，机器人会自动更新地图；到了宠物脱毛期，它会主动提议增加打扫卫生的频率等。在方便用户方面，产品有了大幅提升。相应地，App 的初始界面也做了替换，由开始清扫按钮改为新一代交互界面，用户可以根据系统推荐或个性化设置选择清扫方案。

针对这些变化，科林说："人们不只希望机器人能为自己分担一些工作，还希望它们能对这些工作进行更精细化的控制，比如机器人能明白在什么时候打扫哪个区域。人们希望人类和机器人能构建新的伙伴关系，所以我们就要加强二者的互动，优化 App 和语音控制设备的用户体验。"

席卷全球的新型冠状肺炎疫情也对消费者的生活理念产生了很大影响。"人们开始花更多时间待在家里，比以往更加关注家庭环境。这对于 iRobot 来说是一个契机，使其提前制造出了可以实现更加精细化控制的智能机器人。"

原本，大人和小孩的活动时间和行动方式是有差异的，新冠肺炎疫情减少了他们外出的机会，使得打扫卫生的时间和区域相对受限，这就要求扫地机器人也做出相应的改进。同时，大家对于机器人有了更高的期待，不只想让它外表炫酷，还更加重视它的实用性了。"智能音箱与 iRobot 的产品连接大概是最方便实用的功能之一了。"

对于 App 的更新，科林特别重视两点，一个是"自动化任务执行"，另一个是"精准清洁"。

"自动化任务执行"指的是机器人并不是一味地按照事先预定好的时间表完成清扫任务，而是可以识别出诸如"玄关处的门关着"等情况，并做出合理的应对。

"精准清洁"前面也提到过，指的是精确地对指定区域进行清扫。这个很容易理解，比如，吃完饭后餐桌周边较脏，这时机器人不用打扫整个房间，只需清扫这个特定区域就行了，这样清扫时间变短，效率也有所提高。

机器人常被当作自动化的同义词。但是，iRobot 公司的产品并不拘泥于自动化，它已经进入了下一个阶段，在最合适的时间点完成用户的需求，成为用户的伙伴。

6.7 科技会帮助人类拓展自身能力

科林说他被问到过一个问题:"机器人会取代人类吗?"他的回答是:"未来会有更奇妙的事发生。"

当然,科林并不觉得机器人会取代人类。对他来说,机器人可以让家或者人类变得更聪明,还可以帮助他们把工作做得更好。

"比如说,即便我今天因为某个事故失去了手臂,我可以选择装一个机器人手臂。现在已经有了可以将机器人手臂直接和神经相连的智能界面,用自己的大脑去控制它也不是什么难事。如果机器人手臂比人类自己的更好,那会发生什么呢?或者说,机器人耳朵、机器人眼睛都优于人类的,这会怎样呢?可能某一天谁家的女儿会说,'妈妈,我想和那个机器人交换手臂'。包括眼球也是,确实,现在的义肢和义眼已经可以在很大程度上缓解事故对人类造成的影响,但是,未来不能只停留在这种程度。"

科林之所以这么有自信,是因为他朋友在创业后研发出的机器人义肢非常棒。他的朋友身材原本高大,但是因为一次登山事故失去了双腿，他以此为契机开设了公司，并装上了自己公司生产的机器人义肢。他走路时不仅完全看不出装了义肢，还可以完成跑步、上台阶这些动作。

有一次，这位朋友把车停到停车场残障人士专用区域，然后跑着去参加已经迟到的会议，警察叫住他说："那儿不允许停车！你把车停那儿有什么正当理由？"这位朋友掀起裤腿向他解释说："因为我没有腿。"

还有一次，这位朋友穿着短裤在大众前演讲，大家看到他的义肢都安慰他："遭遇了需要装机器人义肢这样的事情，太可怜了。"但他却说："也许你们才是真的可怜。普通的腿会随着年龄的增加逐渐老化，而我的腿会越来越好用，上周刚升级了动力系统，更换了新的电池，以前做不了的事现在也能做了。"这让周围的人非常吃惊。

"你可能觉得这太神奇了，但这确实是真实事例，"科林说，"而且，我们作为人类不会什么都不做，让机器人享受所有的乐趣。机器人不是要取代人类，而是要帮助人类解决一些社会问题，除了帮助老年人独立生活，维护家庭内部环境之外，外骨骼机器人还能让我们做更多的事情，去以前无法去的地方。"

已经明确的一点是，人类面前横亘着各种各样的难题，要克服这些难题，获得进一步的成长及成功，机器人技术不可或缺，这是科林一贯的看法。构筑这样的世界不仅需要我们这一代，还需要和能够传承科林和罗德尼教授意志的年轻一代合作。

"年轻一代要以我们创造出的产业为基础，利用比现在更好的工具，用机器人技术克服接下来的挑战。所以，我们和机器人不是竞争关系。人类有时候会决策失误，有时会做出利己的决定。为了避免这个问题，人类和机器人有必要结成伙伴关系，在某些情况下，甚至可以考虑共用一个身体。"

6.8　对 STEM 教育的投资

那么，未来怎么才能有更多的科林和罗德尼教授出现呢？关键问题还是教育。科林和 iRobot 已经开始投资第一章提到过的 STEM 教育，今后也计划继续投资于这个领域。

关于教育，科林这样阐述自己的看法："在我的人生中，教育让我获得了很多乐趣。在这一过程中，我感受到了教育带来的影响力，我也看到了我的故事、iRobot 的故事和其他人的故事所带来的影响力。从这个层面讲，教育已经成了我人生进步的基石，除了 iRobot CEO 的工作之外，我也在思考怎么样才能回馈社会，如何花时间帮助小朋友，激发他们的灵感，这些想法不断驱动着我。我们制造机器人也确实带有某种责任感，比如让所有三岁的小朋友都能像对恐龙、鲸鱼一样对机器人产生兴趣。"

科林问小朋友们"你们想做什么样的机器人"，没有人回答"不知道"，通常他们的回答都很精彩，比如说"帮助我打扫房间的机器人""帮助我写作业的机器人""可以遛狗的机器人""可以和我们一起玩耍的机器人"等。科林每次听到这些都非常开心。

iRobot 有 1200 多名专注于机器人的员工，应该有很多小朋友跃跃欲试，想要和这些员工交流，因为他们在这里能接触到真正的机器人。实际上，员工们也会悄悄地把自己的孩子带过来，他们也想要和其他孩子交流。因此，iRobot 选择把 STEM 教育作为社区服务的一部分。

但是，问题是如何才能对孩子产生真正意义上的影响和改变，为了获得答案，iRobot 进行了各种各样的尝

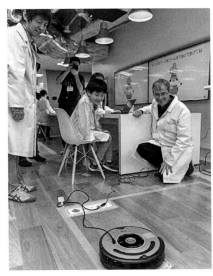

日本举办的 STEM 兴趣讨论小组,科林在亲自授课

试。其中一个尝试就是创建一个企业博物馆,该博物馆囊括了 iRobot 的历史。至今他们已经组织过超过 200 场的参观活动,活动中大家可以参观所有的机器人,了解相关故事和开发过程。

科林的目标是制造出像魔法一样的机器人。但是,他觉得告诉小朋友们这不是魔法,是真正可以做出来的东西,这点很重要。首先要让他们了解整个制作过程,也包括其中失败的经历。科林常常质疑为什么成年人不能用这样一种透彻易懂的方式来解释事情。

在iRobot的企业博物馆举行的200多场参观活动中都可以看到机器人最初的原型机。它的外观看起来并不是特别有吸引力，但从中可以看出机器不断改良的整个过程。比如，通过再现可以爬楼梯的机器人的研发过程，参观者在观看后可以发现，iRobot的员工在找到客户认可的解决方案前尝试了三十几次不同的方案，试验过非常复杂的结构以及一些出乎意料的做法后，才有了最后非常简洁的设计。

此外，iRobot和美国政府在每年四月第二周会协同举办"全美机器人周"，这一周时间内，全美各地会有各种各样的机器人相关活动。iRobot利用之前安防业务积累的关系说服政府每年协同举办这个活动，并且邀请全美的教育人士、机器人研发企业以及机器人俱乐部参加，这一周内还会有各种各样面向小朋友的活动。科林认为，通过这样的活动或多或少可以增加小朋友了解机器人的机会。对科林来说这是共创精神的表现，可以追溯到他玩极限飞盘的时期。

6.9 STEM机器人——"ROOT"

科林想要进一步参与到STEM教育中，由此诞生出了以"Roomba"为基础的可编程机器人"Create"。

这也是一款非常出色的产品，iRobot 举办了使用这款产品的研讨会，但科林也想做出一款能免费分发给任何人的机器人。于是，他们开始着手研发非常便宜的机器人"Flea"。

这款机器人的名字取的是 Friendly Little Educational Automaton（友好的小型教育机器人）的首字母。"Flea"项目虽有一定进展，但确实无法做到免费分发，所以不得不终止。但恰好在这个时候，iRobot 收购了前员工创立的一家公司，这名员工及其团队因此又回到了 iRobot，他曾参与研发及销售 STEM 机器人"Root"。

"Root"的意思是"根"，这个名字的来源是：如果"STEM"是一项新的教育计划的开始，那么这个机器人就是它的根。

这款机器人在科林看来也是非常棒的产品，它可以用智能手机、平板电脑、计算机控制，而且让"任何人都能编程"这一挑战性的问题也得到了解决。此外，这款机器人还有一个免费的配套应用程序，可以让你自己编程构建一个虚拟"Root"机器人，并在屏幕上移动它，这满足了科林想要一个"可以免费分发的机器人"

的愿望。科林认为,"Root"使机器人对教育的影响成倍增加。

比科林小 11 岁的弟弟蒂姆·安格尔就是"Root"开发团队的一员,在他的记忆中,小时候的科林一直沉迷于制作东西。科林还教蒂姆玩乐高,给他买笔记本电脑,蒂姆说:"科林对我有很大影响。"

据蒂姆说,"Root"团队充满了创业精神,即便在 iRobot 全公司中也很出众,他非常喜欢这种氛围。他觉得对于小朋友来说,未来编程将会和读写一样成为一项基本技能,他坚信"Root"会成为非常有用的工具。

2020 年引入日本的机器人"Root"

科林在教育领域的投入不仅限于 iRobot 公司,他自己还在妻子创立的非营利组织——"来自科学家的科学"(Science From Scientists)中任职。美国普遍存在一个问题，即许多学校中教科学的老师实际上很少是科学专业出身的，创立这个组织就是为了把真正的科学家带进课堂。

这些老师接受这个组织的支持，到学校传授正确的科学知识，科林每周也会参与其中的活动。

"来自科学家的科学"目前在马萨诸塞州、加利福尼亚州、明尼苏达州、佛罗里达州均设有分部，在越南也有合作组织从事类似的活动。

科林希望有一天也能在日本举办这个活动。实际上，他妻子有日本血统，和日本缘分颇深。

6.10 对年轻创业者的寄语

最后，我们请科林给年轻创业者送出寄语，他给出两条非常重要的寄语。第一是"伟大的企业不是一蹴而就的"，第二是"做出正确的判断"。

第一条寄语，"伟大的企业不是一蹴而就的"，意思是梦想着靠冒险暴富是没法真正获得成功的。

因为某个创意一夜之间暴富的故事不是没有，但是，科林说："每年有成百上千家初创企业诞生，靠着这条路成功的企业，一只手，顶多两只手就能数过来。"

做生意并不是两三天就能结束的短途旅行，而是需要几十年朝着一个目标前进的长途跋涉。

要想中途不放弃，你必须清楚自己为什么做这个。如果没有坚定的使命感以及支撑你做这件事的理由，这趟旅程是没法坚持下去的。科林把这个比喻成保持潜水状态的游泳选手，如果吸一大口气后不能在水下坚持憋气，中途就会因被水呛到而窒息。

在iRobot创立初期，对企业经营还不熟悉的科林对董事会提出了如今看来很不现实的资金计划，当时，某个董事会成员对他说："科林，你要么是世界上最幸运的创业者，要么就是你错了，我觉得你毫无疑问是后者。"

科林从这件事得到的教训是"虽然创业者相信自己的想法很重要，但这不是绝对的，有时候也需要变通"。这趟旅程需要创业者准备好不断修正自己的想法。

"创业者越有自信，离成功就越远"，这是科林的看法。在坚守自己想法的同时，能不能以开放的姿态做到随机应变，这是成功与否的关键。

此外，如果能有同行的人互相关照，这趟旅途会更加愉快。做生意时伙伴是很重要的，对优秀的人才和团队的投资会使创业之旅更顺利,途中遭遇的挫折也会更少。

科林办公室的一面墙上整齐的挂着历代机器人产品的照片

越是多次创业成功的经营者就越明白,对自己的事业抱有符合实际的期待,拥有互相信赖的优秀团队是克服各种挑战的秘诀。这是科林第一条寄语的意思。

第二条寄语是"做出正确的判断",需要注意的是"对不同的企业而言,正确的判断并不等于要和科林的一样"。因为他做的决策说到底是根据自己所处的状况而来的。

和科林共同创业的两个人离开后,每次达到某个时间节点,科林的领导团队的人员就会有所更换,这样大概有五六次。这些成员都非常喜欢他们正在做的事情，但公司下一个阶段需要他们做的工作可能并不是他们想要的。

有些人去了别的中小企业，有些人去了别的大公司，科林觉得这没什么。反过来说，某个人进入一家企业，30年的时间里，公司的目标都与自己的目标契合，自己能一路伴随公司共同成长，这种情况才是少见的。

"我知道很多创业者创办了五六家公司，并且这些公司都得到了一定发展。他们有的把得到了一定发展的公司卖了，有的转让给了其他人，或者再重新创业。但是，我自己选择了不一样的道路。总之，创业者的工作就是不断接受挑战，要想获得成功，坦诚面对自己，做那些自己喜欢且有成就感的工作是非常重要的。"

科林进一步指出，对创业者来说，很少有人能给出对自己真正有用的建议，从这点来看，创业者是很孤独的。因此，科林建议，除非你认为奉献毕生精力也无妨，否则最好不要自己创业。世界上还有很多工作比创业更轻松，或者即便不轻松，也更加有幸福感。

从MIT时期开始，科林在选择下一学年的课程时会优先考虑哪门课有利于自己制作下一个东西。他必须学习与自己未来道路相关的课程。

iRobot 创立至今已经 30 年了，现在科林的脑海中仍然有着宏伟的目标。未来，这条路上应该还会有很多的曲折起伏，但是这个目标为公司指明了前进的方向。与此同时，科林每天都会做出谨慎且大胆的决策，带领公司不偏离这个轨道。

"我很清楚自己和 iRobot 接下来前进的道路。这不是今年或者明年这种短期的事，我已经对未来 20 年有了非常明确的规划。"

后　记

在隐秘的高科技都市中

　　一家名为 2thinknow 的调研公司对美国创新型城市进行了分析，把科技导向型或在科技领域领先的城市进行了排名，得出了《美国最具高科技的 11 个城市》榜单。这份名单是基于十项科技渗透程度的指标筛选出来的，包括单位人口对应的专利数、初创企业数、科技领域的风险投资数、智能手机的普及率以及其他与创新相关的排名等。

　　一般来说，提到美国科技导向型城市，大家首先想到的就是加利福尼亚州的硅谷。硅谷在 2thinknow 的榜单中也毫无意外排在第一位，第二位是纽约，第三位是洛杉矶，第四位则是波士顿。

　　说到波士顿，它从美利坚合众国建立之初就存在，是美国历史最悠久的城市之一，相当于日本的京都。但是，包含郊区在内，被称为"大波士顿"的区域却是美国有名的高新技术区，在这个榜单上也有出现。音响制造商"Bose"和影像企业"宝丽来"，以及掀起运动鞋革命的"新百伦"、以开发模拟生物和人类动作的机器人而闻名的"波士顿动力"，还有众多尖端生物科技企业等都在此创立。这里俨然成为高新技术企业的大本营。

本书的主人公，科林·安格尔的母校 MIT 就坐落在大波士顿地区的剑桥市。因此 iRobot 在公司规模扩大后将新的办公地点最终定在了位于大波士顿地区的贝德福德也并不意外。

实际上，笔者从 1998 年开始，曾在剑桥市住过四年时间，经常去紧挨着贝德福德的伯灵顿购物中心。当时，iRobot 还没有进军消费领域，我还没机会了解这家企业。但就在此时，iRobot 开发 "Roomba" 的一些前期工作已经开始了。

我没有想过因为撰写本书要采访 iRobot 公司的缘故，我能再次踏上这片让人怀念的土地。真正回到这个地方，还是感慨良多。

面向未来的创新大本营

iRobot 公司对面是美国 US-3 高速公路,坐在行驶的汽车上就能看到公司非常有特点的绿色标志。公司包含多个低层建筑,往来于这些建筑之间就能消耗掉一天大部分的热量。

进入公司,你会发现这里洋溢着美国科技企业特有的自由气氛。员工桌子上有不同的装饰物,除了员工自己喜欢的玩具和人偶,某条走道中间甚至还有一个"神奇女侠"的人形立牌。此外,周五是公司的爱狗日,员工可以把自己的宠物狗带来。这天在公司各处还能看见不少大型犬。

公司内部可以感受到的搞怪氛围——卫生间标志画成机器人的样子

我在公司等待采访科林的时候正好看到员工要开始

一个小型会议，开会的形式非常实用。参加会议的人不是从各处集合到会议室，而是他们各自都站在自己的工位处。工位由稍低的隔板隔开。与会者身体上半部分在隔板之上，这样他们之间可以互相交流。会议结束后，大家就坐下来继续自己的工作。

只要不是需要保密的会议，这样就能达到目的，大家站着说话使会议更加高效。迅速处理类似这样的事情就是 iRobot 的沟通文化。

对初次到访的人来说，这个公司就像迷宫一样，到处都是 3D 打印的原型机、各种各样的零部件和加工机器。我本身也很喜欢制作东西，光看到这些我就非常兴奋了。甚至在此时此刻，在这层楼的某个地方，下一代机器人也正在酝酿诞生。

在进行清扫性能和耐用性测试的机器旁，地上铺着地毯，测试人员已经连续三天在对"Roomba"进行各个角度的测试。房间堆积着各种容器，里面是员工从自己家带来的各种各样的垃圾。在这里，你可以深切感受到这些员工在另一个层面支持着公司。

iRobot 还在公司一角设置了测试区域，从书房、厨房到走廊、杂物间，再现了典型的美国家庭的房间布局，并且摆放了家具。在某些房间里，桌子和椅子腿处立着几根柱子，这是用来"拷问""Roomba"和"Braava"的房间。

科林在这里仍不忘记幽默，测试区域的起居室里挂着他的肖像画。两幅肖像画对称装饰在壁炉两侧，其中一幅中科林的手臂呈现出生化人状态。科林在本书中也谈到过，在未来人类和机器人可能会共用一个身体，合作开创新事物，这幅肖像画中也隐含着这个想法。

通过这次采访和执笔，我深切感受到：在这个地球上，最为殚精竭虑地思考机器人如何帮助人类，并投入全部精力将其变为现实的人正是科林·安格尔。